ROSA

OU LES FANTÔMES DU PASSÉ

Du même auteur

Un village arédien sur la route de Compostelle
Éditions Fanlac, Périgueux, 1997

De Vézelay à Saint-Jacques-de-Compostelle
Éditions Sud Ouest, Bordeaux, 2001

Limousin
Éditions Sud Ouest, Bordeaux, 2006

Les Acacias blancs de Gelsa,
Du front de l'Èbre aux maquis de Dordogne-nord
Éditions Fanlac, Périgueux, 2014

Carmen & Emilio au cœur de la Résistance
Éditions Sud Ouest, Bordeaux, 2019

Bella Ciao, sur les traces d'Angelo Ricco,
résistant du Périgord et du Sud-Ouest
Éditions Sud Ouest, Bordeaux, 2021

L'auteur a reçu la « Pomme d'Or » du salon Périgord-Limousin pour ses trois ouvrages concernant la Résistance (août 2021)

Ce livre a été imprimé par CPI (170766)
ISBN : 978-2-8177-0978-9 – N° éditeur : 01.01.10.22

Christian Bélingard

ROSA

OU LES FANTÔMES DU PASSÉ

Préface de Véronique Bergen

Éditions SUD OUEST

PRÉFACE
PAR VÉRONIQUE BERGEN

Comment un écrivain peut-il tremper sa plume dans la matière de l'Histoire afin d'en entendre les pulsations manifestes et souterraines, afin de la penser ? Davantage sans doute que d'autres séquences historiques récentes, la Seconde Guerre mondiale, l'Occupation, la Shoah sont peuplées de fantômes qui remontent du passé et frappent à la surface du présent grâce aux travaux d'historiens, aux créations de romanciers, d'artistes. C'est dans la vie de Rosa Szlejen, née à Limoges en 1927, morte à Saint-Yrieix-la-Perche en 2016, que Christian Bélingard s'est plongé, nous délivrant une saisissante biographie placée sous les couleurs de l'admiration et de la tendresse pour une femme juive happée dans la tourmente de l'extermination des siens.

Rosa ou les fantômes du passé repose sur un choix narratif audacieux : l'essai se présente sous la forme d'une longue lettre adressée à Rosa Szlejen, qu'elle reçoit depuis la mort. Nous, lecteurs, lisons ce qu'elle ne découvrira jamais, une biographie trempée dans l'empathie et nourrie par un impressionnant travail d'archives. La force de l'appel, la voix d'une réquisition sous-tendent ce travail qui, d'une part, s'ancre dans les propos autobiographiques laissés par Rosa à sa nièce Myriam Coriat, et qui, d'autre part, s'approfondit en un éclairage novateur, richement documenté, sur l'Occupation, le régime de Vichy, particulièrement sur les heures sombres de la collaboration et les réseaux de Résistance dans le Limousin. Né à Saint-Yrieix-la-Perche, ville de Haute-Vienne où Rosa décéda, Christian Bélingard consacre une partie importante de son œuvre à des travaux historiques majeurs sur la région du Limousin.

Pour se déployer, la mémoire individuelle ou collective a besoin d'intercesseurs, de passeurs ou de catalyseurs. Si Christian Bélingard assume le rôle de passeur, d'intercesseur, c'est Myriam Coriat qui catalysa l'aventure mémoriale de sa tante. Rouvrir un passé traumatique, se lancer dans un travail d'anamnèse, d'excavation des plis du passé, affronter le souvenir de l'horreur de la Shoah requiert courage et lucidité. À l'invitation de sa nièce, Rosa Szlejen rompit tardivement son silence et retraça son existence foudroyée par le nazisme, levant le voile sur les déportations de son père, transféré au camp de Drancy et mort à Auschwitz, et de sa mère, rescapée d'Auschwitz. Au cœur de l'existence de Rosa, Christian Bélingard interroge une zone d'impensable, une énigme nimbée de tabou, à savoir la longue histoire d'amour qui, après la Libération, unit la jeune femme juive persécutée et Jean-François Laplaud, un ex-volontaire collabo de la division SS Charlemagne. Évitant tout jugement moral ou politique rétrospectif posé sur les ressorts de la passion éprouvée par Rosa, le dispositif de la lettre permet à l'auteur de se tenir au plus près des convulsions d'une Histoire devenue furie et des hasards qui présidèrent à la rencontre d'une jeune juive et d'un milicien vichyste.

Avril 1944. Passagères d'un dernier convoi qui les mène en Suisse, Rosa et sa jeune sœur Fanny parviennent à fuir la France, à échapper aux rafles et déportations orchestrées par le régime de Vichy, complice de l'occupant nazi. Réfugiées en Suisse, elles y resteront jusqu'à la fin de la guerre. Sur la scène de l'Histoire, le hasard aime s'inviter, une première fois incognito, une seconde fois en dérobant la vérité des faits à l'un des protagonistes. Collabo de la première heure, vichyste convaincu, également don juan collectionneur de femmes, Jean-François Laplaud a à son actif des actions musclées contre la Résistance.

Le vent de l'Histoire tournant en faveur des Alliés, il s'enfuit de France durant l'été 1944 et s'exile en terre germanique avant de se retrouver dans le château de Sigmaringen, antre des collabos, des miliciens, refuge du maréchal Pétain lorsque la défaite du IIIe Reich se profile. Ironie du destin. Alors que les deux sœurs font partie des filières d'enfants juifs accueillis en Suisse afin de les sauver de la déportation, à la même époque, Jean-François Laplaud séjourne, côté allemand, non loin du pensionnat qui abrite Rosa. L'ironie du destin relève d'une proximité géographique entre deux êtres qui ne se connaissent pas.

Le hasard qui joue sa partition est encore muet, il ne réunit pas encore deux jeunes gens que tout sépare, que tout oppose. La musique qu'il enclenche est sœur de l'histoire de *Lacombe Lucien.* À la fin de la guerre, poursuivi par la justice française pour collaboration avec l'ennemi, Jean-François Laplaud déploie mille et une ruses, étouffe les preuves, se reconstruit un faux passé à coups de versions hallucinantes qui gagnent en crédibilité. Il échappe à l'épuration. Après avoir purgé une courte peine, il se consacre à ses passions : les femmes et les belles voitures. Tapi dans l'ombre, le personnage que Christian Bélingard dénomme hasard attend son heure. C'est à La Rochelle qu'il se concrétise et orchestre la rencontre de Jean-François et Rosa. Une rencontre qui prend la forme d'un coup de foudre, d'un embrasement amoureux. Ne connaissant rien du passé collabo de son compagnon, Rosa ouvre avec ce dernier un magasin d'antiquités. Pour se reconstruire, parvenir à vivre après l'enfer, pour traverser une existence marquée par la culpabilité et les traumatismes des survivants, il faut œuvrer à une impossible alchimie entre un terrifiant passé et un présent à bâtir. Il s'agit d'aller de l'avant, vers la pulsion de vie, de parier sur l'avenir pour ne pas mourir à soi. Au fil des années vécues en commun, au cours des trois décennies durant lesquelles ils furent un couple, des doutes affleurent, de rares événements fragilisent la toile de mensonges sous laquelle l'ex-milicien a réécrit sa vie. Quand Rosa a-t-elle eu des soupçons sur les activités de son amant durant la guerre ? Que sait-on d'un homme ? Comment aurait-elle pu percevoir *ab initio* la personnalité Docteur Jekyll et Mister Hyde de Jean-François, l'union des facettes Gatsby le Magnifique, Bel Ami, de l'aventurier, du flambeur et des facettes d'un militaire pro-nazi ? Peut-on demeurer éprise d'un ex-milicien qui a dénoncé et contribué à faire massacrer des résistants, peut-être aussi des Juifs ? Peut-on rester liée à un homme qui a pris part aux atrocités de la guerre du côté des nazis et qui n'a cessé de manœuvrer devant les tribunaux, de manipuler afin de minimiser son rôle, d'échapper à ses responsabilités ? Peut-on lutter contre l'irrésistible, contre une attraction passionnelle ? Comment appréhender un couple qui fait scandale, « contre-nature », qui suscite la sidération et la réprobation ? Le plan intensif de l'amour se place-t-il par-delà le Bien et le Mal ?

Étayé par une enquête historique minutieuse, par un devoir de transmission de la mémoire et par la collecte et la confrontation de témoignages, *Rosa ou les fantômes du passé* va bien au-delà du questionnement d'un secret familial. Le destinataire de la lettre stupéfiante que Christian Bélingard adresse est triple : il a pour noms Rosa, les lecteurs et le corps de l'Histoire présente et à venir. L'Histoire ne se construit dans la paix et la lumière qu'à engranger les faits du passé, qu'à les penser comme matériaux qui ne conditionnent point causalement les chemins qu'elle emprunte.

Véronique Bergen, écrivain et philosophe
Membre de l'Académie royale de langue
et de littérature françaises de Belgique

INTRODUCTION

Tu as eu ce courage-là, Rosa, de parler enfin. Toi qui t'es tue pendant toute ta vie, et qui voulais rester quoi qu'il arrive une femme debout mais silencieuse. Ne jamais te montrer faible, ne jamais te retourner sur l'abominable passé. Et puis un jour, tu as parlé de tout, de ta famille martyrisée bien sûr, de tous les noms, de tous les lieux dont ta mémoire endolorie a été imprégnée tout au long de ces années où il était tabou de parler de la Shoah parmi ceux qui avaient survécu. Toi qui savais les choses, tu n'avais jamais rien voulu dire. La volonté de tourner la page, de te reconstruire, la fameuse résilience, et ce sentiment de culpabilité aussi d'y avoir échappé alors que tant d'autres avaient été broyés, carbonisés dans les crématoires, sans que leurs enfants ou leurs cousins, ou leurs proches, ne puissent exactement savoir ni où ni comment. La monstruosité de la « Solution finale » des nazis et de leurs complices, les expériences pseudo-scientifiques du pseudo-docteur Mengele et de ses acolytes, l'identité volée, l'impossibilité de pouvoir s'incliner sur une tombe, voire un simple lieu de sépulture… Tu as eu du courage, Rosa Szlejen, de te retourner ainsi sur ton passé, sur leur passé. Il en a fallu des efforts constants et répétés de ta nièce qui t'aime tant, Myriam, pour que tu consentes un jour à cet effort presque surhumain de te livrer, de transmettre ton vécu si riche et si tourmenté, toi qui, sans leur opiniâtreté, serais restée bâillonnée jusqu'à la fin de tes jours. Bien sûr tu as pleuré, en racontant, tu t'es arrêtée souvent pendant le long monologue parfois interrompu par quelque question de Myriam et ses filles qui buvaient tes paroles et pleuraient, elles aussi, en t'écoutant si attentivement, et tu as repris le fil vaille que vaille, armée de tout ton courage. Pas de sensiblerie, Rosa. Tu étais un roc, m'a dit Sarah[1]. Mais un roc qui s'est pourtant un peu fissuré, pendant trois ou quatre heures où tu t'es livrée, pas plus…

J'ai retrouvé ta trace par hasard, avant de pouvoir dialoguer avec Myriam. Je parlerai plus tard de cette circonstance à peine croyable qui m'a fait découvrir ton existence puis ton parcours. J'ai pu ensuite vérifier que vos noms et prénoms, et vos dates de naissance, et les lieux, sont répertoriés sur le site officiel du Mémorial de la Shoah que tout le monde peut consulter en ligne sur Internet. On voit sur la page qui correspond au nom de Szlejen une photo de toi, dans ton tout jeune âge, et de ta sœur Fanny. Vous entourez toutes les deux votre maman radieuse, épanouie. Une mère et ses deux filles, l'aboutissement miraculeux, inespéré, d'une jeunesse compliquée, volée. La photo de votre grand-père Ignace, tiré à quatre épingles et coiffé d'un élégant chapeau, est également présente sur la même page. Ce sont ces deux photos qui m'ont frappé, surtout celle qui vous montre toi et Fanny, à l'âge de la petite enfance et de l'insouciance, la trace fugace d'une petite famille heureuse et tranquille, si tranquille. J'ai pensé aussitôt à la chanson de Jean-Jacques Goldman *Comme toi*…

Alors j'ai cherché, d'abord sur Internet, puis, avec l'aide d'un ami, Bernard Pommaret, professeur d'histoire et spécialiste de la déportation en Haute-Vienne, j'ai poursuivi l'enquête. Grâce à l'aide précieuse d'Anne Wittebroot, archiviste (ADHV[2] de la Haute-Vienne) , j'ai pu enfin savoir qui tu étais, qui vous étiez. J'ai commencé à recomposer le puzzle, allant de surprise en surprise. Et je me suis décidé un jour à contacter ta nièce qui avait laissé son nom sur le site du Mémorial de la

1. Sarah est l'une des deux filles de Myriam Coriat. C'est sa sœur Élodie qui a recueilli en avril 2011 les Mémoires dactylographiés de Rosa Szlejen.
2. ADHV : abréviation usuelle pour Archives départementales de Haute-Vienne.

Shoah, sous une photo. Le sésame. Les gens qui administrent le site ont été très coopératifs et m'ont mis en relation avec Myriam. Élodie, l'une de ses deux filles, qui a dactylographié tes Mémoires n'était plus là, hélas... Quelques jours plus tard, nous nous sommes rencontrés chez Myriam, en région parisienne, qui m'a reçu en présence de Sarah. Toutes deux m'ont transmis alors tes Mémoires, certes assez succincts, parcellaires, et interrompus parce que tu étais épuisée, avant que tu puisses livrer toute ton histoire au prix d'un ultime effort. Car tu en as eu assez, tu n'as pas eu la force de continuer, après des heures de conversation. Elles m'ont dit que pendant que tu parlais, Élodie transcrivait tes paroles précieuses et je dirais, moi, sacrées. Mais toi, tu fatiguais... Tu avais alors quatre-vingt-quatre ans, et le jour déclinait déjà...

Je vais essayer de répéter ce que tu as rapporté ce jour-là, le 25 avril 2011, à Myriam et à Élodie, je vais tout dire de ce que je sais et de ce que j'ai pu apprendre par ailleurs. Je voudrais que le portrait soit fidèle, qu'il te ressemble le plus possible, que l'on puisse retrouver derrière les mots et leur inévitable banalité, tes peines, tes douleurs, tes tourments. Ton bonheur aussi, qui a éclairé ce beau visage de jeune fille aux yeux verts que l'on n'oublie pas et cette ressemblance si remarquée avec Michèle Morgan, l'une des plus grandes actrices de ton époque. Oui, je sais, tu as surtout été une femme forte, Rosa, avant tout courageuse, si précocement... Mais aussi une femme seule, terriblement seule sur la fin de ta vie.

Les Allemands guettaient du haut des miradors,
La lune se taisait comme vous vous taisiez

Jean Ferrat, *Nuit et Brouillard*

PREMIÈRE PARTIE

NUIT ET BROUILLARD

1

VARSOVIE

Ce dimanche est le jour de la fête des mères. La mienne est décédée depuis un an déjà, après avoir pu célébrer avec nous son quatre-vingt-quatorzième anniversaire, et je pense forcément à elle très fort. Je lui dois tant, son amour absolu, sa bienveillance qui a été constante, elle, simple agricultrice qui s'est intéressée à ma carrière de journaliste et en était fière. Elle qui suivait constamment l'actualité, elle qui a lu tous mes livres et attendait toujours le prochain. Je me dis qu'elle ne lira pas celui-ci, dommage. En effet, c'est par ma mère, et aussi par mon père, que je me suis intéressé à cette période si sombre de l'Occupation, tant ils avaient l'un et l'autre des souvenirs glaçants des « Boches » qui avaient maintenu mon grand-père maternel en captivité pendant cinq ans, avant que les Américains ne viennent le délivrer près de Nuremberg. Ils furent comme lui environ deux millions à avoir certes la chance, malgré tout, de rentrer chez eux, au printemps et à l'été 1945. Ils étaient estampillés K.G., acronyme allemand pour prisonniers de guerre ; les « Boches » disaient qu'ils étaient des « Stücke », autrement dit des « morceaux » ou plutôt des « débris » dont la seule valeur éventuelle était de servir de monnaie d'échange contre leurs propres prisonniers, au cas où… Mon père parlait quant à lui beaucoup des Miliciens qui avaient encerclé les fermes où se cachaient les maquisards (dont celle de mes grands-parents). Dans le meilleur des cas, ils envoyaient les paysans soupçonnés de complicité avec les « terroristes » dans un camp qui servait d'antichambre à la déportation. Dans le pire, ils livraient l'adresse aux Boches qui brûlaient la ferme au lance-flammes.

J'évoquerai, pour que le tableau des atrocités commises soit encore plus précis, les noms d'Oradour (642 victimes, dont une majorité de femmes et d'enfants brûlés que les SS ont délibérément éliminés en incendiant l'église du village où ils les avaient rassemblés), de Tulle (99 innocents suspendus à des crocs de boucher pour intimider la population et le maquis), et du Pont-Laveyras (34 jeunes de vingt ans environ, exécutés comme des chiens d'une balle dans la nuque, malgré le drapeau blanc de reddition, parce qu'ils avaient été recrutés par l'Armée Secrète et pouvaient devenir des « terroristes » potentiels, eux dont la plupart n'étaient même pas armés), tous ces lieux si proches de chez nous où la barbarie fut sans limite. Comme elle avait triomphé – acte prémonitoire mais si peu perçu par l'opinion et la classe politique à Guernica, en Espagne. C'était la répétition générale de l'holocauste programmé. Au même moment que Guernica, Hitler et ses officiers inventaient les crématoires et autres lieux sinistres de la déportation pour éliminer délibérément six millions de Juifs, tes sœurs, tes frères, certains membres de ta famille…

Au nom de l'idéologie la plus sinistre et la plus abjecte qui soit, minutieusement écrite et exposée par le Führer et mise en pratique avec une rigueur absolue, un plan suivi à la lettre comme le montre l'admirable livre d'Éric Vuilliard, *L'ordre du jour*, couronné justement du prix Goncourt. Je me souviens, dans une voiture de reportage, avec Yvan Levaï[1], d'une conversation que nous avions eue, après avoir visité les ruines du village martyr d'Oradour, au sujet d'un récit qui commencerait à Oradour et se terminerait à Auschwitz… Le lien indispensable pour associer toutes les victimes du nazisme, quelles qu'elles

1. Cette rencontre de l'auteur avec Yvan Levaï a eu lieu lors de la commémoration du 50e anniversaire du massacre d'Oradour-sur-Glane, le 10 juin 1994.

soient, d'où qu'elles viennent, dans un même élan d'humanité et de compassion.

Nous marchons dans les allées du Jardin des Plantes où ma fille a choisi de faire visiter la galerie de l'Évolution à son fils Augustin qui s'émerveille devant les girafes, les éléphants, les gorilles, les dinosaures… C'est si captivant, c'est si merveilleux d'allumer ainsi des étoiles dans l'imagination d'un enfant, surtout quand il a cinq ans ! Il fait beau et chaud, après des semaines de pluie et des températures quasi hivernales. Je les quitte après la visite pour filer vers la gare de Lyon. Il y a un monde fou, le pays est en plein *déconfinement*, après des mois de privation de liberté à cause de la pandémie qui a paralysé toute la planète. Le RER D. Le trajet vers Melun, quatre ou cinq stations. À la gare où je descends, une petite place comme dans un village tranquille de mon Limousin natal. Et pourtant, Paris n'est qu'à dix-sept kilomètres.

Au bout de quelques minutes, Myriam arrive en voiture avec sa fille Sarah. Tes nièces. Elles ont gentiment tenu à venir me chercher à cet endroit, pour me conduire à leur maison. Et pourtant, nous ne nous connaissons pas encore, un simple contact téléphonique. Je suis fier et touché qu'elles me fassent confiance pour écrire cette histoire que je veux absolument raconter. Nous nous installons en terrasse, dans le jardin ombragé et elles me remettent ton autobiographie, une dizaine de pages imprimées où est restituée cette conversation qu'elles ont eue au presbytère de Rilhac, dix ans plus tôt, puis elles me montrent les photos. Je retiendrai en priorité celle du « Patriarche », ton grand-père. C'était un commerçant juif de Varsovie, le plus ancien membre de la famille auquel tu puisses te référer, cette photo que tu avais dans un de tes albums, que tu as fait encadrer spécialement pour Myriam.

Je l'examine attentivement, cette image de ton grand-père. Myriam ne sait pas grand-chose sur lui, mais Rosa, tu as un souvenir de lui bien précis, que tu as fait noter dans tes Mémoires par Élodie. Tu avais à peine dix ans, mais à cet âge on conserve des souvenirs pour toute la vie, et tu leur as dit ceci :

« Mes grands-parents paternels sont arrivés en 1937 de Varsovie. Mon père est allé les chercher. Entre-temps je suis allée en Pologne avec ma mère et la tante Rimmel, la sœur de ma mère pour voir la famille. J'avais huit ou neuf ans. Ma mère avait deux demi-sœurs, d'un second mariage de mon grand-père et deux frères. Il y avait cinq filles et deux garçons : Éric qui s'est marié et qui a fait sa vie à Glasgow, Eva, Anna. Les deux garçons ont été déportés. Mes grands-parents sont morts dans le ghetto de Varsovie. On est parties en train, il me semble qu'on est restées deux ou trois nuits dans le train. Ma mère avait emporté une bonbonne dans un panier en osier (il me semble que c'était de l'huile, très chère en Pologne) et aussi des tomates. Quand nous sommes arrivées à Varsovie, il y avait une foule de gens qui nous attendaient sur le quai avec des bouquets de fleurs. On était les Français qui arrivaient à Varsovie ! On est allées chez mon grand-père maternel qui habitait dans le lieu qui allait devenir le ghetto : le 36, rue Twarda. C'était un appartement, on entrait dans une cour, il y avait une grande porte cochère, on tournait à droite, ils habitaient au premier étage, il y avait un petit balcon, une grande table, avec un grand fauteuil où était assis mon grand-père. Il avait une grande barbe blanche, un calot sur la tête et au dos il y avait un téléphone, chose rare à l'époque. Ils parlaient yiddish. Je ne comprenais pas et un jour, je suis allée manger chez mon grand-père paternel. Je voulais la cuisse du poulet et j'avais mis ma jambe sur la table pour qu'il comprenne. Ils habitaient dans des grands bâtiments en brique : il y avait une cour, un autre porche, entouré de briques rouges. On entendait les marchands ambulants qui criaient : "bagel ! bagel !" et qui [proposaient] des glaces ! J'ai dû rester en Pologne le temps des vacances scolaires, environ deux semaines. Mes grands-parents maternels et paternels étaient religieux. »

Bien sûr, Rosa, je suis interpellé par la qualité de tes souvenirs, par leur beauté, par leur précision. Et tout est là : les couleurs, les odeurs, les parfums, le goût particulier et incomparable de ces fameux « bagels », petits pains en forme d'anneaux, qui selon la légende, auraient été créés par un boulanger de la communauté juive de Cracovie, en Pologne, pour honorer le roi Jan Sobieski. Moi, je les ai découverts pour la première fois lors d'un reportage à Montréal, tu vois, ton souvenir me parle aussi tant il est devenu universel.

Et toi, Rosa, la petite fille bien française, je découvre que tu ne parlais pas le yiddish, évidemment, puisque tu es née à Limoges, on va y revenir, et que tu y as donc appris le français dès ton plus jeune âge, parce que tes parents voulaient tourner la page de leur pays d'origine, la Pologne, au plus vite[1]. C'est donc à Varsovie, où tu es allée vers 1937, un peu avant l'holocauste, que tu as pris conscience de tes racines. Moi, j'ai retrouvé les noms de tes ancêtres polonais avec les dates et les lieux, soigneusement consignés, en ce qui concerne le côté paternel (celui de ton père Ignace Szlejen) par mon ami Bernard Pommaret à Limoges qui recense scrupuleusement le nom de tous les déportés qui ont séjourné durant la guerre dans le département de la Haute-Vienne. Son annuaire recense près de dix mille noms. Son œuvre est admirable et d'un grand secours à qui veut mener ce genre de recherche tant d'années après.

Je lis sur la fiche de Bernard qu'Ignace Szlejen est né le 16 janvier 1896 à Varsovie et qu'il est le fils de Moszeck et de Masza Libraot. Ils sont tes grands-parents, tous deux sont nés à Varsovie, et ils sont venus en France et se sont établis à Limoges. Moszeck y est décédé en 1943 et Masza en 1945. Ils ont pu échapper miraculeusement à la déportation, ainsi que leur famille : ils avaient un autre fils, prénommé Fajwel, le frère d'Ignace, né à Varsovie et marié à Rojga Leja Siematycka. J'ai retrouvé aux archives départementales de la Haute-Vienne plusieurs documents qui montrent combien ils étaient eux aussi dans le collimateur des autorités de Vichy. Il est intéressant de découvrir que Fajwel, qui était marchand forain à la déclaration de guerre en 1939, s'est aussitôt engagé volontaire et qu'il a été démobilisé le 31 juillet 1940, appartenant alors à un bataillon de pionniers basé à Septfonds. Fajwel, qui avait été naturalisé par décret du 4 juin 1940, s'est vu retirer la nationalité française le 3 août 1942 par un décret du maréchal Pétain publié au *Journal Officiel*. Décision appliquée à tous les membres de

1. Le yiddish est donc une langue composée d'éléments puisés dans les dialectes allemands. On y trouve aussi des traces d'ancien français, et une composante sémitique formée à partir de l'hébreu et de l'araméen.

la famille, y compris à leurs enfants, Rachel (née à Limoges le 7 octobre 1932) et Léon (né à Limoges le 30 juin 1936). Celle-ci sera rétablie le 8 février 1945 par décision préfectorale portant le cachet de la République française. Cette branche familiale des Szlejen n'est d'ailleurs pas éteinte. J'ai pu brièvement m'entretenir par téléphone avec un de leurs descendants, Laurent Szlejen[1], qui s'est souvenu de toi, Rosa, et de ta sœur Fanny, sans doute lors de « retrouvailles » d'après-guerre. On peut d'ailleurs retrouver la tombe familiale dans le carré juif au cimetière de Limoges.

Pour le côté maternel, je n'ai pas eu besoin de chercher dans les documents d'archives qui ne m'auraient rien apporté sur ce point, et pour cause… Aucun parent d'Elta Landstein n'est jamais venu en France. Myriam m'a montré l'arbre généalogique que tu avais sans doute reconstitué avec ta sœur Fanny sur les informations fournies par votre maman. Et ta nièce m'a dit, submergée par l'émotion, que ton grand-père (que tu avais vu lors de ton voyage à Varsovie vers 1937) était mort dans les fours crématoires, étant toujours enfermé dans ce ghetto de Varsovie au moment où les nazis décidèrent le terrible « repeuplement vers l'Est », en fait prétexte officiel pour déporter les Juifs qui s'y trouvaient dans le camp de la mort de Treblinka (1942). Qu'advint-il alors des autres membres de sa famille ? Probablement, aucun d'entre eux ne put échapper aux rafles qui se succédèrent, et plus jamais tu n'entendis parler d'eux.

Mais, Rosa, je veux parler encore de ton père qui s'appelait donc Ignace Szlejen et de ta mère, née Elta Landstein, tous deux originaires de Varsovie. Ignace était né le 16 janvier 1896, et ta mère le 16 septembre 1898. Elle était couturière, mesurait 1m52, était fille de Aron Landstein et de Rosa Syler[2]. Pourquoi ont-ils quitté la Pologne ? Il suffit de lire d'autres témoignages

1. Szlejn est une des variantes orthographiques du patronyme Szlejen.
2. Ces renseignements généalogiques ont été fournis à l'auteur par Sarah Attias, petite-nièce de Rosa Szlejen. L'orthographe des noms peut varier, selon les sources.

qui nous sont parvenus des années 1930, juste avant l'avènement du nazisme :

> « La Pologne avant la guerre était une économie complètement, totalement archaïque, à plus de 80 % agricole. La Pologne était moyenâgeuse et le mot n'est pas trop fort. Et des mentalités complètement arriérées. Alors les Juifs... On leur racontait depuis leur naissance que les Juifs avaient tué le Christ. Ils ne savaient même pas qu'il était juif. Alors, pour un Polonais plus ou moins normal se faire un Juif, comme on dit vulgairement, c'était une bonne action. »

C'est ce qu'expliquait – en 2010 – un migrant polonais arrivé en France en 1932, témoin de la mentalité de l'époque[1].

Il faudrait aussi rappeler les abominables « pogroms » commis en particulier après la fin de la Première Guerre mondiale, où la violence contre les minorités juives de Pologne était fréquente et a laissé des traces indélébiles[2].

Dans ces conditions, s'exiler en France était d'abord un moyen de fuir l'antisémitisme et aussi l'accomplissement d'un rêve. Car la France était perçue comme « le pays des Droits de l'Homme, de la Révolution, de la Liberté et aussi de la douceur de vivre. D'ailleurs, il y a une expression en yiddish qui dit heureux comme Dieu en France », confie un autre témoin.

La recherche d'une vie libre, loin des persécutions, est la première raison de l'exil. Mais il y a aussi l'attrait d'un pays plus riche, où il était plus facile de réussir dans les affaires, dans le commerce en particulier.

Et c'est le cas de tes parents, Rosa, qui ont quitté séparément la Pologne pendant l'entre-deux-guerres. Tu as bien expliqué à Myriam et à Élodie ce qui s'était passé et comment ils s'étaient connus. Je lis les notes qui ont donc été prises,

---

1. Le témoignage de Jacques Zylbermine figure dans l'article « Comment devient-on français quand on est juif et polonais ? » Itinéraires comparés de rescapés de la Shoah, *Bulletin du Centre de recherche français à Jérusalem* n° 22, 2011.
2. En 1919, année particulièrement noire pour les Juifs de Pologne, les pogroms sont commis par les unités armées les plus diverses : par les Armées blanches, par les troupes de la République populaire ukrainienne, par les détachements des différents « atamans », par les détachements de « Verts » (paysans insurgés), et par certaines unités de l'Armée rouge (Wikipédia).

je le rappelle, sous ta dictée le 25 avril 2011 à ton domicile de Rilhac-Lastours :

> « 1923-1924 : Elta à Varsovie faisait la queue pour permettre aux gens fortunés de quitter la Pologne dans les bureaux d'immigration. Elle faisait ça pour gagner de l'argent. Elle a quitté Varsovie pour rejoindre un fiancé, Isidore Boxenbaum, qui se trouvait à Berlin. Quand elle est arrivée à Berlin, il n'était pas sur le quai de la gare, donc elle est arrivée à Paris en train, seule, sans parler français. Elle a été hébergée à Autun par un cousin qui s'appelait Jacques Zwiling qui était marchand de meubles. Mon père était le cousin d'Isidore Boxenbaum. Elle s'est mariée à Autun avec mon père. »

Par un recoupement provenant d'une autre source, Rosa, j'ai pu retrouver que le mariage civil de tes parents avait été enregistré en fait à Paris, dans le 11e arrondissement. Voici comment je l'ai découvert. En consultant un dossier ouvert pendant la guerre par la police de Limoges au nom de ton père, dossier conservé aux archives départementales de la Haute-Vienne. Ignace Szlejen, qui est interrogé en mars 1941 pour une infraction bien minime (il n'aurait pas présenté à temps son inventaire en tant que marchand « d'articles textiles »), doit décliner tout son état civil devant le commissaire qui l'a convoqué. Il faut préciser, bien sûr, que l'État français a succédé à la République française avec l'arrivée au pouvoir du maréchal Pétain et que les libertés individuelles commencent à s'en ressentir sérieusement. *A fortiori* pour les Juifs. Ignace déclare bien au commissaire de police de Limoges s'être marié à Paris le 2 octobre 1924 dans le 11e arrondissement. Et c'est rigoureusement exact. J'ai en effet retrouvé l'acte de mariage en ligne sur le site archives.paris.fr.

Le mariage a été signé à 11 h 25 en présence de l'adjoint au maire du 11e arrondissement, Louis Vignon. Deux témoins majeurs domiciliés à Paris, Ignace Glass, bijoutier, 22, place de la Nation, et Ignace Hingel, maroquinier, 5, impasse Gaudelet, sont présents. Ignace Szlejen se déclare maroquinier, né à Varsovie, et âgé de vingt-huit ans. Il est domicilié à Paris, 34, passage Charles-Dallery, 11e arrondissement. Ses parents, Moszeck et Masza, tous deux sans profession, habitent

Varsovie. Elta Landstein (dont le prénom francisé deviendra « Ethèle ») se déclare couturière, née à Varsovie, et âgée de vingt-cinq ans. Elle habite au même domicile qu'Ignace. Son père, Aron, domicilié à Varsovie, est déclaré sans profession, et sa mère, Rosa, décédée à la date du mariage. Aucun contrat de mariage n'est établi.

Lors de son passage par Autun, ta mère avait eu le temps de travailler pour son cousin Jacques Zwiling… qui avait fini par lui vendre son magasin de meubles ! Ce qui prouve bien qu'Elta, la petite couturière de Varsovie, avait déjà la bosse du commerce. Alors qu'elle a rencontré Ignace, et qu'ils se sont mariés à Paris, Elta décide, semble-t-il, de vendre le magasin pour s'acheter une voiture, et plus précisément une C4. Et cela dans un but bien précis : rejoindre Perpignan ! Nous sommes alors en 1927. Elta a connu aussi à Autun, lors de son passage chez son cousin, un commissaire de police, Monsieur Malafosse, qui est cité à plusieurs reprises dans ses courts Mémoires. C'est dire l'importance qu'elle a attachée à celui qui devient véritablement un ami de la famille Szlejen, comme d'autres circonstances vont le prouver.

J'ai retrouvé assez facilement la trace d'Émile-Eugène-Marcel-Joseph Malafosse, né le 2 août 1897 à Villeneuvette dans l'Hérault. Mobilisé d'abord dans l'infanterie, à partir du 10 janvier 1916, il est muté au 1er groupe d'aviation à Dijon comme élève pilote le 29 décembre 1917 où il passe major. Puis il profite de sa carrière militaire brillante pour intégrer la police (il a gardé de son parcours héroïque quelques séquelles citées dans son dossier comme des troubles cardiaques et une blessure frontale)[1]. Émile Malafosse est nommé commissaire de police à Autun le 20 mars 1924. C'est donc à partir de cette date seulement qu'Elta a pu faire sa connaissance. J'imagine qu'en tant que réfugiée, la jeune couturière venue de Varsovie cherchait un moyen de régulariser sa situation en France, peut-être pour pouvoir se marier dans le pays. Il faut en effet rappeler qu'elle a épousé Ignace le 2 octobre

1. Registre matricule d'Émile-Eugène-Marcel-Joseph Malafosse, né le 2 août 1897 à Villeneuvette, Hérault. (Grand Mémorial, site officiel du ministère de la Culture.)

1924 à Paris. Rien ne prouve cependant que leur rencontre ne soit pas postérieure à ce mariage.

Des liens s'établissent en tout cas entre le jeune commissaire et le couple Szlejen, tout au moins avec Elta. Pour quelle raison Émile Malafosse conseille-t-il à sa protégée de partir accoucher à Perpignan « chez sa mère » ? Cela reste un mystère. Mais toujours est-il qu'Elta et Ignace prennent un beau jour la route vers le sud, en direction des Pyrénées-Orientales.

2

LIMOGES

15 août 1927. C'est un jour férié un peu triste, au cœur de l'été. Il n'a pas fait très beau ce jour-là à Limoges et la ville est devenue une cité fantôme. *Le Populaire du Centre* nous dit que « la circulation dans les rues fut quasiment nulle, et que les grandes artères qui habituellement sont sillonnées d'autos rapides et de piétons paisibles furent vides ». La pluie est même tombée, à plusieurs reprises, et la température cependant est restée lourde. Malgré la morosité ambiante, il paraît pourtant, aux dires du chroniqueur, que « Sainte-Marie fut fêtée comme de coutume et que pâtissiers, bijoutiers et fleuristes firent de bonnes affaires ». Mais cette date, Rosa, peu importent les détails du quotidien, c'est d'abord la tienne. Car c'est le jour de ta naissance et les circonstances de celle-ci ne sont pas banales !

Tu l'as dit toi-même tu es née « bizarrement » à Limoges. Et s'il n'y avait pas d'automobiles dans les rues, ou si peu, ce 15 août 1927, il y en a au moins une qui circulait sur l'avenue de Paris, traversant la ville tout droit par la place Carnot, du nom de cet ancien président de la République, natif de Limoges, qui mourut assassiné à Lyon sous les coups de couteau d'un anarchiste. Sa statue trône sur cette place, où tes parents débouchent à bord de la fameuse C4 achetée par Elta, conduite sans doute fébrilement par Ignace, accompagné par sa jeune épouse, car étant à la recherche d'une clinique pour qu'elle puisse accoucher dans l'urgence. Tes parents ne parlent pas le français, ils ont du mal à demander le renseignement, à s'expliquer… Ils sont donc partis pour rejoindre à Perpignan le domicile de la mère du commissaire Malafosse. Mais pour l'instant, le projet d'aller habiter dans les Pyrénées-Orientales est en train de prendre du plomb dans l'aile. À mi-parcours, Elta a ressenti les premières contractions. La première ville qui se présente sur la route, c'est Limoges. Il y a urgence. Il faut trouver dare-dare une chambre, un lit pour que ta maman puisse te mettre au monde dans des conditions acceptables et relativement sûres.

La providence se manifeste en ta faveur, ce jour-là. Plus exactement, l'esprit de solidarité, l'entraide communautaire entre étrangers de même confession va vous éviter le pire. En ce jour où les catholiques célèbrent L'Assomption, il y a un petit marché sur une des places de Limoges dont tu n'as pas gardé le nom en tête. Quelques vendeurs à la sauvette sont rassemblés là, ils cherchent à gagner chichement trois francs six sous en proposant des babioles aux rares badauds de la ville qui traînent leur ennui dans les rues désertées. Ignace descend de voiture, et s'approche d'un commerçant de « type juif » pour reprendre ton expression. C'est également un Juif ashkénaze, comme tes parents, mais il est arrivé d'un autre pays, la Biélorussie, dans les années 1910. Il a sans doute francisé son prénom et n'a gardé de son nom, imprononçable pour les autochtones, que deux lettres qui sont les deux premières lettres de l'alphabet : AB. Il s'appelle donc Léon Ab et il vend pour l'heure des tissus et de la mercerie sur tous les marchés de la région. Il se montrera bien vite un génie du commerce et il fondera à partir de 1930 un premier magasin qui deviendra l'enseigne « Touchatou » que toute la ville, toutes générations confondues, va adopter au point que celle-ci existe encore. Respect Monsieur Ab, j'aurais aimé vous rencontrer et parler avec vous de la famille Szlejen…

Léo Ab est l'homme providentiel pour Ignace et Elta, donc. Ils se comprennent en parlant en yiddish. Léon prend le jeune couple sous sa protection et conduit ta mère (et ton père) jusqu'à l'hôpital de Limoges, vieille bâtisse dont il reste encore un bloc conservé en prolongement de la BFM, le lieu culturel, devenu emblématique de la ville, jumelé à la grande bibliothèque d'Alexandrie en Égypte. C'est donc là que tu es née, Rosa, et la rencontre de tes parents avec Monsieur Ab va sceller votre destin. Ce commerçant avisé et protecteur parvient à convaincre la petite famille Szlejen de rester à Limoges et de travailler avec lui.

Tes parents acceptent ainsi la proposition et ils s'organisent. Ils vont d'abord trouver un premier logement, au 5, rue du Mûrier. Alors que Monsieur Ab va ouvrir son premier magasin, Ignace se met à vendre des « slips et des chaussettes », dis-tu, sur les marchés. Ceux de Limoges mais aussi dans les villes voisines, jusque dans les campagnes les plus profondes.

Dans le même temps Ignace et Elta demandent très vite leur naturalisation, pour réaliser enfin ce rêve fou qu'ils portaient déjà dans leur cœur en quittant Varsovie. Mon ami Bernard, l'historien si précieux de la déportation en Haute-Vienne, a retrouvé leur trace aux archives nationales. On peut parcourir en ligne les notices de leurs décrets de naturalisation qui y sont toujours conservés. Ainsi « SZLEJEN Ignace, marchand forain, né le 16 janvier 1896 à Varsovie (Pologne), demeurant à Limoges » est devenu citoyen français au 26 septembre 1929. Son épouse « LANDSTEIN Elta, femme SZLEJEN, née en 1898 à Varsovie (Pologne) » a acquis la nationalité française aux termes du même décret et à la même date. Pour l'anecdote, mais tu sais Rosa, j'adore ça les anecdotes, et celle-ci ne manque pas de piquant, on a accordé une remise des quinze-vingtièmes à Ignace pour les droits de timbre, va savoir pourquoi, alors qu'Elta a eu droit à une remise totale ! L'administration a parfois des petits secrets dont Maupassant aurait fait une nouvelle…

Et la famille compte un nouveau membre l'année suivante. Ta petite sœur, Fanny, vient au monde le 15 mai 1930. C'est à la fois le bonheur et la galère. La vie est dure pour tes parents, désormais ils ont deux enfants à nourrir et à élever. Ignace vend la voiture, et il se rend avec Elta sur les marchés environnants par le train ! On imagine les « tortillards » à l'époque, ils doivent passer des heures à rouler à trente kilomètres à l'heure pour parcourir quelques kilomètres. En faisant ce métier de commerçants ambulants, tes parents mêlent désormais leur existence à celle des colporteurs et autres marchands forains. Ils s'absentent toute la journée, pendant plusieurs jours peut-être, et pendant ce temps vous allez en garderie, Fanny et toi. À l'appartement, vous avez une employée de maison, prénommée Louise, qui vient s'occuper de vous en soirée, jusque tard dans la nuit. Tu as gardé son prénom dans ta mémoire, ce beau prénom que portait aussi ma grand-mère. Elle était si gentille la mienne, peut-être votre nourrice l'était aussi, je veux croire qu'elle s'est bien occupée de vous, comme ma Louise à moi l'a fait quand mes parents me laissaient seul avec elle, les jours de foire où ils allaient vendre les produits de leur ferme…

À force de travail, tes parents ont pu faire quelques économies qu'ils ont investies pour acheter de la marchandise. Sans doute la font-ils acheminer de Paris en train, Ignace a dû conserver des relations chez ses anciens collègues de travail, c'est mon hypothèse. N'ayant pas de point de vente, ils ont alors ouvert leur propre appartement au public ! Ignace a commencé par vendre des articles en cuir. Il avait dû garder des contacts parisiens dans cette filière puisque sa profession était maroquinier à l'époque de leur mariage. On imagine ta maman, Elta, au milieu de ce mouvement permanent dans votre logement, de ce tohu-bohu sûrement insupportable, indescriptible, outrancier, avec des étrangers qui viennent inspecter les lieux et s'attardent inutilement, pour repartir parfois sans rien acheter. Le dérangement, le bruit, l'impolitesse… vous avez dû en baver ! Quand on est enfant, la maison est un lieu sacré, un univers qui n'est rien qu'à soi. Là, vous avez dû exposer votre intimité familiale. Mais tes parents n'avaient pas le choix, vraiment.

Dans ces conditions, on ne peut pas dire que vous avez fait tranquillement votre nid à Limoges. Mais peu à peu, vaille que vaille, tes parents ont pu sortir la tête de l'eau, et enfin envisager l'avenir avec un brin d'optimisme. En effet, vers 1931-1932, ils ont loué, dis-tu, « un petit magasin au 3 de la rue Monte-à-Regret, en vêtements de cuir et pour hommes ». Encore une anecdote : le nom de cette rue, qui ne s'invente pas lui non plus, est lié à l'époque où les condamnés à mort rejoignaient par ce chemin l'échafaud.

Et à ce premier magasin, tes parents ont voulu donner un nom célèbre, « Au carreau du Temple », qui évoque l'ancien marché couvert en vogue à Paris au XIXe siècle puis au XXe où la plupart des commerçants étaient des Juifs, venus comme ta famille des pays de l'Est, pour un grand nombre d'entre eux. Mais cette tradition nouvelle ne plaît pas aux antisémites qui commencent déjà à faire de la propagande nauséabonde. Dix ans plus tard, celle-ci atteindra même des sommets. Le 10 mai 1941, le journal collaborationniste *Le Matin* écrira :

> « Peu à peu, le commerce parisien est débarrassé des éléments troubles qui, trop longtemps, ont nui à son développement, à sa renommée de bon goût et de probité. Certains ghettos comme le Carreau du Temple ne tarderont pas à entrer organisés. Ils reprendront alors leur physionomie véritable. »

Funeste et odieuse prédiction qui fait déjà froid dans le dos, rétrospectivement.

Nous n'en sommes pas là, au début des années 1930, à Limoges. Ignace et Elta ne s'arrêtent pas en si bon chemin dans leurs affaires. Après avoir ouvert ce premier magasin, ils en ouvrent un autre au 23, rue Adrien-Dubouché, où ils vendent des imperméables. Les deux adresses sont très proches, et l'immeuble de la rue Monte-à-Regret va devenir votre nouveau domicile, cette fois avec davantage d'espace, et même une cave qui sera très utile aux heures les plus noires. Tu fais toi-même le bilan de cette décennie qui est en fin de compte une très bonne période où vos parents parviennent à surmonter les problèmes grâce à leur opiniâtreté et à leur travail. Une nouvelle enseigne vient compléter le réseau des points de vente :

> « Mes parents avaient trois magasins de vêtements à Limoges, en dix ans ils ont gagné de l'argent. On ne partait pas en vacances, il n'y

avait que le travail. Pendant les grandes vacances, on était gardées par une nourrice à la campagne. La vie était dure, ils travaillaient beaucoup. Je me sentais française. Je ne ressentais pas le fait qu'ils étaient étrangers[1]. »

Il est important, Rosa, de s'arrêter sur ce point capital. Ignace et Elta voulaient être des Français à part entière, point final. Ils vous ont inscrites, toi et ta sœur Fanny, dans la même école publique de filles où vous alliez à pied. Tu vas sourire, mais ton école je l'ai retrouvée. Dans *Le Populaire du Centre* du 30 juillet 1938 ton prénom et ton nom figurent parmi les plus souvent cités dans les différentes matières, lors de la distribution des prix de l'école de filles du boulevard Carnot. Et je découvre qu'en cette année scolaire 1937-1938, tu étais donc inscrite au cours moyen première année. Tu y apprenais le français, qui est bien ta langue maternelle, en fin de compte, ainsi que celle de ta sœur Fanny. Tes parents eux aussi, peu à peu, s'intégraient. Et tu ajoutes même :

> « J'avais des amis. Le mot juif n'existait pas. Ce n'est qu'à la venue de mes grands-parents paternels qu'on a fait un pessa'h[2]. Ça devait être en 1939. »

En 1939, selon un article mis en ligne par l'AJPN[3], seulement quelques dizaines de familles juives vivent à Limoges. Les unes sont d'origine turque (Serfati, Abouaf), les autres viennent d'Alsace (Goetschel, Kahn) et on trouve également des Juifs d'origine polonaise ou encore biélorusse comme la famille Ab. Ces familles sont dépourvues de toute organisation et, à la veille de la guerre, aucune trace d'activité communautaire ne semble exister. Mais, soudain, c'est un changement radical qui s'opère dans la communauté juive de Limoges au moment de l'entrée en guerre de la France et de l'Angleterre contre l'Allemagne.

---

1. Ignace et Elta ont obtenu leur nationalité française dès 1929, mais Rosa évoque ici leur « ressenti » et non la réalité administrative qui reste la leur jusqu'en 1942.
2. La fête juive de Pâques (Pessa'h) est l'une des fêtes les plus importantes dans la religion juive, elle commémore la sortie d'Égypte et la naissance d'Israël en tant que peuple.
3. AJPN est l'acronyme de l'association Anonymes, Justes et Persécutés durant la période nazie dans les communes de France.

Toi, Rosa, tu as treize ans en 1940. Tu assistes, après l'invasion allemande, à l'arrivée massive des réfugiés dans une ville qui compte alors environ 120 000 habitants et qui maintient un bon niveau d'emploi grâce à une importante fabrique de chaussures et à des manufactures de porcelaine renommées. Beaucoup d'habitants ont gardé des liens dans la campagne environnante, très agricole, d'où ils ramènent une abondante nourriture, selon le docteur Lévy[1], qui arrivera dans la ville en janvier 1942 et constatera que la pénurie de vivres n'existe pas, même à ce moment-là.

Cet afflux de réfugiés, en particulier des Juifs parisiens, effraie tes parents. Tu as expliqué à Myriam et à Élodie que « certains fournisseurs de [ton] père venaient à Limoges ou encore à Périgueux ». Tes parents, dis-tu, « s'occupaient de leur trouver des logements. Mais ils n'en parlaient pas. Ils pensaient surtout à faire des affaires. Il y avait des marchandises partout dans l'appartement. Ils ont acheté et stocké les produits chez nous ».

En fait, tes parents veulent croire qu'ils ne risquent rien, une fois l'armistice signé. C'est le sentiment général dans la communauté qui s'est sérieusement étoffée avec l'arrivée d'un nombre considérable d'Alsaciens et de Lorrains évacués au moment de l'entrée en guerre, puis celle d'un guide spirituel de tout premier plan, le grand rabbin Abraham Deutsch, qui était auparavant le responsable de l'enseignement religieux de Strasbourg dans sa communauté. À Limoges, Ignace et Elta font donc le dos rond et ignorent le danger, comme la plupart de leurs condisciples. Lazare Landau, auteur d'un très intéressant article sur la communauté juive de Strasbourg-Limoges, s'exprime ainsi :

> « Alors que l'armée allemande se trouve à trente kilomètres de Limoges, les Juifs apprennent avec un immense soulagement que le gouvernement Pétain a demandé l'armistice, évitant ainsi l'occupation de la ville. »

1. Originaire du Bas-Rhin, Moïse Gaston Lévy a joué un grand rôle dans le sauvetage des enfants juifs pendant la guerre. Il a été médecin à l'O.S.E. et directeur de la Pouponnière de Limoges, ainsi qu'inspecteur médical des homes d'enfants de la zone Sud (1941-1944).

Ignace et Elta avaient une raison supplémentaire de ne pas s'inquiéter, tu t'en souviens, ils disaient qu'ils étaient français et ils avaient tous les documents pour le prouver. Sauf que le vieux maréchal de France a trahi la République, Rosa, et qu'il a décidé de changer brutalement les règles du jeu en imposant un régime de collaboration avec les nazis.

3
SOUS LA BANNIÈRE DE PÉTAIN

À ce stade de ton parcours, Rosa, j'en reviens aux confidences que tu as faites à tes nièces au presbytère de Rilhac-Lastours le 25 avril 2011. Dans les souvenirs que tu as puisés pour elles dans ta mémoire prodigieuse, il y a une toute petite phrase, mais si lourde de sens, qu'Élodie n'a pas manqué de noter en saisissant tes propos sur l'ordinateur :

> « Après mon certificat d'études, j'étais dans une école de commerce, et j'ai une photo où on me voit défiler sous la bannière de Pétain. »

Cela pourrait paraître totalement incongru voire invraisemblable, mais en réalité, il n'en est rien. L'événement que tu as vécu, Rosa, a bel et bien existé, tu en as été le témoin involontaire, et ta phrase ironique et lapidaire est un doux euphémisme empreint d'autodérision, évidemment.

Car au soir de ta vie, Rosa, tu ne pouvais pas l'oublier cette journée de juin où il faisait si chaud sur le champ de foire de Limoges, et où vous étiez tous agglutinés, entassés comme du bétail, à attendre l'apparition quasi divine de ce vieux maréchal de France, un certain Philippe Pétain, qui était censé redevenir pour le pays pourtant mis à genoux, humilié par les « Boches », le nouveau « sauveur » envoyé par Dieu en personne.

Ce 20 juin 1941, il fallait obéir au doigt et à l'œil, encore davantage, dirais-je, que les autres jours. Toi, tu n'étais plus dans la petite école de filles du boulevard Carnot que tu avais quittée trois ans plus tôt, le certificat d'études en poche, mais tu étais alors, à quatorze ans, jeune élève de cette école pratique de commerce de Limoges, située au 24, rue de Manigne – tu pouvais y aller à pied depuis la rue Monte-à-Regret – et où tu allais obtenir bientôt un diplôme de calligraphie[1]. Ta sœur, Fanny, était peut-être là aussi, pour applaudir Pétain avec sa classe, mais tu ne le dis pas.

Le 19 juin déjà, la présence dans la ville du vieux chef militaire, parvenu au sommet du pouvoir, avait déclenché une tempête médiatique et un tohu-bohu, savamment orchestrés et contrôlés par le gouvernement, la préfecture, la mairie et toutes les autorités de la ville. Tu as peut-être assisté, dès le premier jour, avec les élèves des écoles publiques et avec ceux de ton école de commerce à l'arrivée de ce chef de l'État en tournée dans plusieurs villes choisies avec soin par la propagande gouvernementale dans la zone libre : Toulouse, Montpellier, Lourdes... Voici la description, sujette à caution bien sûr, que fait ce jour-là le reporter de *L'Appel du Centre* :

> « Les enfants des écoles et des différents mouvements de jeunesse forment une haie d'honneur... Des jeunes gens et des jeunes filles, cantonnés aux abords immédiats de la gare, entonnent le nouvel hymne en l'honneur du chef de l'État "Maréchal, nous voilà !" qui est repris en chœur par toute l'assistance... Du plus humble au plus important immeuble, ce n'est que drapeaux, banderoles aux couleurs nationales, qui ornent fenêtres et balcons. »

Et comme si cela ne suffisait pas, l'auteur de l'article va encore en rajouter, je ne dis pas que cela n'a pas existé, je dis que je suis

1. Il s'agit en réalité de l'Institut sténographique de France, rattaché à l'École pratique d'industrie et de commerce de Limoges qui existait dès la fin du XIXe siècle. *L'Appel du Centre* mentionne dans son édition du 17 août 1942 le nom de Rosa Szlejen parmi les élèves reçues au concours de calligraphie de cette école.

prudent sur les chiffres, sur l'ambiance générale, compte tenu de ma source qui est une source collaborationniste, je le rappelle. Alors voici notre zélé reporter qui parle à présent d'une « folle ovation poussée par des milliers et des milliers de personnes », ovation qui « accueille le chef vénéré qui arrive sur l'esplanade de la gare. Pendant plusieurs minutes les cris de "Vive Pétain", "Vive la France", "Vive Darnand" retentissent et se répercutent dans le lointain [sic] ».

Même en relativisant, on voit bien que c'est la ville tout entière qui a participé à l'encensement du héros national du moment. Il y a bien sûr la visite à l'hôtel de ville, les discours des autorités civiles et militaires, puis le serment des légionnaires qui complétera le décorum, le lendemain. Et le folklore n'est pas en reste : « L'antique corporation des bouchers, en compagnie de gracieuses fillettes aux costumes chatoyants, remet au chef de l'État, les clefs de la ville. »

Pétain ! Une légende vivante mais une ambiguïté ou une naïveté politique qui fait rétrospectivement froid dans le dos. Présenté comme le vainqueur de la bataille de Verdun, en 1916, face aux troupes allemandes, devenu commandant des forces françaises jusqu'à la fin de la guerre, sous les ordres de Foch. Rappelé au gouvernement, après l'invasion allemande, le 17 mai 1940. Alors, Pétain – contrairement à de Gaulle qui a rejoint Londres pour poursuivre la guerre et qui exhorte, dans son célèbre appel du 18 juin, tous les Français à la Résistance – choisit de renoncer à se battre contre les nazis, car il considère la guerre comme étant déjà perdue. Et fait signer l'armistice avec Hitler dès le 22 juin. Puis il reçoit le 10 juillet les pleins pouvoirs par un vote massif des députés. Parmi les 569 parlementaires qui, paniqués, donnent une légitimité insensée à Pétain, figure Léon Betoulle, le maire de Limoges, pourtant membre de la SFIO, organisation qui est à l'origine du parti socialiste. Et Pétain va en profiter pour s'octroyer, sans lésiner, le titre de « chef de l'État français » dès le lendemain du vote du 10 juillet 1940. C'en est fini de la République pour quatre ans. Voici un excellent résumé de ce que Pétain a fait de ces quatre années de pouvoir quasi absolu, synthèse que j'emprunte aujourd'hui au dossier « Débat d'histoire : fallait-il juger Pétain » réalisé par la bibliothèque Sciences Po à Lyon :

> « Il abolit les institutions républicaines et les libertés fondamentales, dissout les syndicats et les partis politiques, et instaure une législation antimaçonnique et antisémite en août-octobre 1940. Il engage le pays dans la révolution nationale et dans la collaboration avec l'Allemagne nazie. »

C'est hélas aussi simple et aussi limpide que cela.

Mais, ce 20 juin 1941 à Limoges, on ne veut regarder encore que le « sauveur suprême », pas le traître à la patrie qu'il est en train de devenir, consciemment ou non. Et toi, Rosa, et ta famille, vous ne faites que subir l'Histoire en marche. Comme tous les autres qui étaient là, les fervents, les indécis, les simples badauds qui ne se méfient pas de cette sombre comédie du pouvoir en place…

Cette journée de visite officielle montre bien comment la propagande de Vichy fonctionne à merveille notamment à travers les médias. *Le Populaire du Centre*, le quotidien régional de la SFIO en Limousin, a été supprimé dès le 17 janvier 1941, remplacé par *L'Appel du Centre* tout acquis au nouveau régime. La visite de Pétain des 19 et 20 juin 1941 est présentée dans ce journal comme un véritable don du ciel :

> « Dans une ville en fête, une foule comme jamais on en vit, réserva au maréchal un accueil indescriptible… Il monta comme un grand murmure des rues profondes de la ville. Vingt ans et un peu plus de journalisme actif rendent familiers ce flux et ce reflux de la foule – réguliers comme la marée. Les immensités se ressemblent. Mais au milieu, il y avait le maréchal. Ainsi sur la côte océane, au bout de la presqu'île bretonne où finit le continent et où commence l'eau, on distingue un rocher lacéré par les flots, que les éléments et le temps n'ont pu encore abattre… »

On ne saurait faire plus dithyrambique et plus emphatique !

Et ce n'est qu'un bref aperçu de la manière dont fonctionne désormais la presse. Le journal catholique *La Croix*, auquel le grand chef de la résistance limousine que fut Georges Guingouin apporta son soutien, a choisi de se replier à Limoges au début de la guerre. Mais c'est une hallucinante épreuve pour la rédaction du journal et ses propriétaires. J'ai retrouvé un excellent article du *Populaire du Centre*[1] qui rappelle que *La Croix* fut « très hostile aux "Vichyssois" et en particulier à l'équipe gouvernementale, et surtout à Pierre Laval. Beaucoup de journalistes vont progressivement jouer un double jeu afin de donner le change à Vichy, puis aux Allemands ». Certes il devient impossible de publier dans les journaux d'autres informations que celles des dépêches transmises – généralement de Berlin – à l'agence Havas. La censure interdit de nombreux articles. La ligne éditoriale de *La Croix* adhère à la trilogie « Travail, Famille, Patrie » du maréchal Pétain. Mais, en même temps, « *La Croix* s'insurge contre les lois antisémites promulguées par l'État français, notamment celle du 3 octobre 1940 portant statut des Juifs, et refuse toute compromission avec le régime nazi ».

L'auteur de cet article, publié par *Le Populaire* en 2014, raconte le zèle dont fait preuve le gouvernement aux ordres de Pétain pour ficher les Juifs du journal. Ainsi la censure centrale de Vichy demande aux patrons du journal de lui communiquer avant le 16 mai 1941 « la liste complète du personnel de leur rédaction, avec indication de l'ancienneté, de l'origine raciale et des fonctions occupées ». Alfred Michelin et Léon Merklen répondent que « nul dans la rédaction n'est juif, à l'exception du patron ». Car ici, « le patron est juif, et nous imprimons sur chaque numéro du journal, à la place d'honneur, l'image de son corps cloué sur une croix supportant l'étiquette "Jésus de Nazareth, roi des Juifs" ». Quelle magnifique audace, quel courage prodigieux, quand on y songe un instant !

On le voit bien Rosa, la machine infernale qui va vous broyer, est en marche. Mais vous n'en savez rien, ou pas grand-chose. Peut-être ce flot de réfugiés juifs qui ont quitté Paris et la zone

1. *Le Populaire du Centre*, édition du 25 août 2014.

occupée en général commence à vous alerter, mais quel choix pour vous, sinon celui de temporiser ?

Alors, en ce jour où tous les jeunes du Limousin ont été dûment mobilisés sans que les parents puissent donner leur avis, bien sûr, tu es dans la foule, Rosa, qui va assister, contrainte et forcée, à la « Grande Mascarade ». Tes parents se sont-ils déplacés pour voir le maréchal ? Rien n'est moins sûr, en tout cas tu n'en parles pas. La suite de leur histoire prouve à mon avis que c'est plus qu'improbable.

Le grand « Rassemblement de la Jeunesse » a été programmé, en tout cas, de longue date. Il se déroule au champ de foire, face à la prison de Limoges, rue de la Mauvendière. La veille de l'événement, *L'Appel du Centre* publie un communiqué éloquent à l'attention des familles et surtout de tous les « corps constitués » :

> « Il est rappelé aux jeunes des écoles, des mouvements de jeunesse, des délégations des départements, aux comités des jeunes travailleurs, aux associations sportives et aux jeunes isolés, qu'ils doivent se trouver à 8 h 30 précises aux emplacements qui leur ont été désignés par les circulaires de l'inspection académique, par la délégation régionale à la jeunesse et par la voie de presse. »

Tout cela est clair, l'accueil fait à Pétain à Limoges, comme ailleurs, a été largement préparé et la spontanéité de la jeunesse derrière le maréchal n'était que façade. Un témoin, Geneviève Cahen, a raconté ceci :

> « Il y avait des dizaines de bus qui avaient emmené jusqu'à Limoges une foule de gens venus de toute la Haute-Vienne. Je m'en souviens. J'étais élève de 5e au lycée des Clairettes qui deviendra Léonard Limousin. On nous y emmenait avec vigueur pour voir Pétain… Il valait mieux applaudir le maréchal[1]… »

Le compte rendu de ce rassemblement publié dans les colonnes du journal collaborationniste le lendemain, c'est-à-dire

1. « Haute-Vienne, La guerre secrète, 1940-1944 », *Le Populaire du Centre*, par François Adeline.

le 21 juin 1941, est évidemment exagéré, une fois encore, concernant tout d'abord les chiffres. Le reporter de *L'Appel du Centre* parle de « 25 000 à 30 000 jeunes qui malgré les rigueurs d'un soleil implacable sont là, les uns ardents, courageux à leur poste, frémissant d'enthousiasme, les autres plus petits, les plus timides, angoissés dans l'attente ».

Et cela va durer deux heures, sous le soleil de plomb qui règne dans tout le sud-ouest et le centre-ouest de la France où les températures vont atteindre dans la journée les 36 °C. Le maréchal Philippe Pétain apparaît sur place à 10 h 30, alors que la foule des adultes est massée, nous dit le reporter, sur les trottoirs et les chaussées qui bordent le champ de foire. Une foule contenue par la troupe, précise le journaliste. Et sur les talus du jardin d'Orsay, on peut lire sur des banderoles géantes le triptyque du régime : Travail, Famille, Patrie.

Où es-tu, Rosa, dans cette marée humaine ? Tu es forcément sur le champ de foire, peut-être près de la tribune, je vais y revenir, car c'est là qu'est installée la fameuse « bannière de Pétain » sous laquelle tu dis toi-même avoir été photographiée. Et ils n'ont pas lésiné sur les moyens. À l'extrémité du foirail, donc, se trouve cette immense tribune, entre l'avenue Saint-Surin et la rue de la Mauvendière. Elle mesure environ trente mètres de long, et elle est recouverte en partie d'immenses « draperies tricolores… Des deux côtés, ou plutôt, tout au bout de la tribune, dans le sens de la largeur, deux francisques. Et tout en haut les armes du Limousin, liserées de tricolore ». On peut y voir s'élever une sorte de donjon lui aussi enveloppé de drapeaux et de cocardes qui « parachèvent l'esthétique de ce château éphémère qui sera écroulé demain comme un château de cartes », précise le reporter dans un court moment de lucidité.

C'est tout cela, Rosa, que tu as vu, à Limoges, le 20 juin 1941, quand le vieux maréchal, est venu, au pied d'une forteresse de pacotille, vous haranguer et vous promettre un illusoire avenir.

4

IGNACE ET ELTA

C'est quelque chose de banal que beaucoup de couples qu'on croyait unis pour la vie ont vécu un jour, Rosa. Une séparation. Parfois, on sait précisément comment les choses ont pu arriver, mais on ne peut pas toujours recomposer complètement le film des événements, s'agissant de l'intimité de deux êtres, tes parents, Rosa. Il va y avoir sans doute des approximations dans le récit que je vais en faire. Mais c'est un fait : à partir de 1942, selon toute vraisemblance, Ignace et Elta se sont séparés. Ce que tu confirmes toi-même dans les notes prises par Élodie :

> « Mon père est parti à Nice avec le cousin Aria, fin 1942, car il y avait des troubles à Limoges… J'ai l'impression que mon père et ma mère ne s'entendaient pas. Je n'ai pas une image très reluisante de mon père. Il rouspétait, il voulait toujours des sous, des bijoux. Il travaillait beaucoup moins que ma mère. Ils se disputaient souvent. Il était plutôt avare. »

Je vais maintenant entrer dans le détail, en essayant de relier entre eux différents événements qui ont concouru à ce départ un peu surprenant, au demeurant. Les raisons d'ordre purement privé dont j'ai pu avoir connaissance grâce aux témoignages de Myriam et de Sarah, mais également le contexte de persécution antisémite dans lequel vous avez été plongés, inexorablement, et dans lesquelles j'inclurai le zèle de la police aux ordres de Vichy.

D'abord un constat : Ignace a beaucoup travaillé main dans la main avec son épouse Elta durant toute la période d'avant-guerre, puisqu'à partir de rien ils ont réussi à ouvrir trois magasins de vêtements à Limoges en l'espace d'une décennie. Alors qu'Elta va continuer à travailler d'arrache-pied dans la confection à Limoges, en dépit des menaces qui commencent à gronder, Ignace va partir à Nice, où il se rend au moins un an avant la date que tu mentionnes. J'ai retrouvé sa trace là-bas dès 1941. Et l'événement que je vais relater à présent n'est pas anodin : il prouve que ton père a déjà été fiché par la police, à Nice mais aussi à Limoges, au moins dès le 28 octobre 1941[1] !

Voici les faits. À l'automne 1941, Ignace Szlejen se trouve à Nice. Le 11 octobre, il s'engage sur la promenade des Anglais, à proximité de l'hôtel *Savoy*, un des plus prestigieux palaces de la Côte d'Azur, face à la mer. Il assiste alors à un accident : une dame âgée, qui le précède « de trois mètres environ », est heurtée par un cycliste qui ne semble pas avoir actionné son « appareil avertisseur ». La vieille dame tombe sur la chaussée et le cycliste chute également mais se relève aussitôt. Ignace se précipite au secours de la victime allongée au sol et il relève celle-ci, avec l'aide d'autres personnes. Installée sur une chaise, la personne accidentée (elle se plaint de douleurs violentes au côté et plus spécialement à l'épaule gauche) reçoit assez vite du secours. Un agent de police arrive sur les lieux et prévient une ambulance. La vieille dame est hospitalisée aussitôt, et le parquet de Nice est saisi. Le rapport transmis au commissariat de police de Limoges, ville où réside Ignace Szlejen, simple témoin dans cette affaire, ne précise aucune suite défavorable concernant l'état de santé de la victime, ni aucune responsabilité du témoin dans cet accident. Le dossier est déclaré clos à Limoges, le 28 octobre 1941. Mais il reste néanmoins adossé à un fichier de police établi au nom d'Ignace Szlejen, dossier

1. Archives départementales de la Haute-Vienne, 1517W (246).

qui va s'étoffer ultérieurement, mais qui à ce stade reste des plus anodins. On peut même s'étonner qu'un tel accident ait pu valoir à un banal témoin ce type de procédure. Seulement, en cette année 1941, c'est un procureur de l'État français qui est à la manœuvre. Le mot « Juif » ne figure pas dans le rapport qu'il transmet au commissaire de police de Limoges, mais il est déjà précisé « qu'Ignace Szlejen, âgé de 45 ans, de nationalité française par naturalisation » habite au 3, rue Monte-à-Regret à Limoges où il se déclare commerçant. On devine, entre les lignes de la note écrite par le procureur, qu'il y a dans cette procédure tatillonne une suspicion qui n'est pas encore clairement affirmée, concernant la confession religieuse d'Ignace. Une autre affaire, survenue quelques mois plus tôt, le 3 mars 1941, illustre bien que ton père, Rosa, est dans le collimateur de la police de Vichy. Ce jour-là, Ignace se présente au commissariat de Limoges pour faire viser son inventaire en tant que négociant d'articles textiles. Il est allé se présenter d'une manière précise auprès des fonctionnaires zélés qui le somment de décliner tous les détails :

> « Je me nomme Szlejen Ignace, je suis né le 16-1-96 à Varsovie, fils de Moszeck et de Masza Libraot. Je suis naturalisé français par décret du 17 juillet 1929. Je suis négociant et domicilié à Limoges, 3, rue Monte-à-Regret. Je n'ai jamais été condamné. »

Le 3 mars, Ignace se trouve de fait interpellé alors qu'il vient pour faire régulariser son inventaire, car il est convaincu d'être en infraction avec la loi promulguée le 11 février de la même année et qui imposait que l'inventaire soit déclaré au plus tard le 28 février ! Cette contravention qui lui est dressée pour trois jours de dépassement du délai paraît tellement surréaliste…

Il est clair, Rosa, que ton père commence à prendre peur, dès lors qu'on lui cherche manifestement des noises, et il s'efforce de se mettre à l'abri après ces tracasseries successives dont il a fait l'objet à quelques mois d'intervalle. Les Alpes-Maritimes en général et Nice en particulier avaient attiré très tôt beaucoup de Juifs qui espéraient échapper aux nazis, du fait de l'occupation italienne. Mussolini voulait récupérer Nice et sa région puis atteindre Marseille mais il « traitait » la question juive à sa manière.

En fait une loi du 11 décembre 1942 astreignait tous les Israélites français et étrangers, résidant d'une manière continue sur le territoire français, à faire apposer sur leur carte d'identité ou sur leur titre de séjour, la mention « Juif ». L'application de cette loi a commencé dans les Alpes-Maritimes le 1er janvier 1943. Le consul général d'Italie a alors, de manière un peu surprenante, décidé de surseoir à l'application de cette loi aux ressortissants italiens israélites en résidence dans les Alpes-Maritimes[1]. « Dans les milieux juifs du département, explique Jean-Louis Panicacci, se crée un courant de sympathie à l'égard des Italiens qui, dit-on, "protègent les Juifs". » Le consulat général d'Italie, les services de renseignements de l'armée italienne reçoivent les visites de Juifs de toutes nationalités, qui viennent rechercher auprès d'eux aide et protection.

Mais, pour être totalement objectif, la présence précoce d'Ignace à Nice n'est pas seulement liée à la sécurité bien précaire dont il peut espérer bénéficier dans cette ville. Dès cette époque, semble-t-il, ton père est devenu prêteur sur gages. Il guette, à la sortie des casinos, les clients ruinés qui ont des bijoux et autres objets de valeur à échanger contre de la monnaie sonnante et trébuchante. « Il était un peu roublard », m'a confié Myriam en me révélant les activités auxquelles se livrait Ignace sur la promenade des Anglais. Bien sûr, sa présence près d'un palace comme l'hôtel *Savoy* au moment de la collision entre le cycliste et la vieille dame ne relève pas du pur hasard… Ignace était là pour affaires, guettant les clients potentiels à la recherche d'un peu de trésorerie.

Pourtant, Rosa, ceci n'explique pas complètement la séparation entre tes parents que tu as datée de la fin de l'année 1942. Bien pires que les tracasseries d'ordre administratif, il y a eu alors à Limoges ces fameux « troubles », mot pudique pour

1. *Les Juifs et la question juive dans les Alpes-Maritimes de 1939 à 1945*, par Jean-Louis Panicacci.

désigner une première monstruosité de la part des autorités de Vichy, avec la passivité du préfet en place à Limoges. Le docteur Gaston Lévy, qui a exercé dans l'Hérault jusqu'à la fin de l'année 1941, se retrouve interdit de pratiquer la médecine en raison d'un décret de Vichy qui interdit aux médecins juifs d'exercer leur activité. Le docteur Lévy a déjà rejoint à cette date l'association OSE (Œuvre de secours aux enfants) qui va jouer un rôle crucial pendant toute la guerre en venant en aide à des milliers de familles juives persécutées. En France, tout un réseau de « patronages » a commencé à voir le jour avec des maisons d'enfants et des pouponnières. Ainsi le docteur Lévy est venu s'installer avec sa famille, ayant été nommé directeur de la pouponnière de Limoges par l'OSE.

Le médecin assiste très vite en Limousin aux premières rafles en zone libre qui se déroulent en août et septembre 1942. Le 26 août au matin, la plupart des pensionnaires hébergés dans les maisons d'enfants de l'OSE, basées dans la Creuse, sont arrêtés par la gendarmerie française. On leur parle de regroupement familial, mais il s'agit bel et bien de déportation. Cinq ou six enfants, des Juifs allemands internés auparavant dans un camp à Rivesaltes, sont également arrêtés de la même façon. Il faut des bonnes volontés et des personnes d'un courage prodigieux, comme Germaine Ribière, pour sauver malgré tout des enfants, leur trouver des cachettes dans des familles compréhensives et généreuses[1].

Si j'évoque ces faits, Rosa, c'est pour bien faire comprendre ce qui passe à Limoges et dans tout le secteur au moment où Ignace décide, avec ses cousins, de partir pour Nice. Après ce premier coup de filet du 26 août 1942, deux jours plus tard, une autre série de rafles tout aussi monstrueuses vise, dans tous les départements, les Juifs étrangers. Nexon, près de Limoges, devient alors un camp de triage. Le docteur Lévy s'emploie, avec l'aide du rabbin Deutsch réfugié à Limoges, à « faire libérer les

1. Née à Limoges dans une famille catholique, elle offrit spontanément son aide au docteur Lévy, alors qu'elle était en 1942 responsable de la Jeunesse étudiante chrétienne. Le Yad Vashem lui a décerné le titre de « Juste parmi les Nations ».

ayants droit », à savoir les adultes âgés de plus de soixante ans, les enfants en dessous de seize ans, les malades et les anciens engagés volontaires de l'armée française.

Et puis, la séparation entre tes parents, Rosa, a peut-être été causée aussi par un problème de couple. Sur ce point, il y a désaccord entre toi et ta sœur Fanny. Vous n'avez pas livré la même version. Fanny a douze ans, toi tu en as quinze. Elle dit qu'Ignace et Elta étaient fusionnels, qu'ils se sont toujours aimés. Toi, tu affirmes que ton père la trompait et qu'il faut y voir la véritable raison d'un départ opportun pour Nice…

Rosa, tout cela est loin maintenant, mais il y a eu dans ta mémoire ce moment de bonheur fugitif que vous avez vécu tous ensemble, vous qui ne partiez jamais en vacances. Il y a eu cette échappée, avant que ne commencent les rafles et que votre vie bascule, un dernier moment d'insouciance :

> « En 1942, on était en vacances chez Monsieur Malafosse, à la mer à côté de Perpignan, on ne risquait rien. Personne ne se rendait compte. En 1942, la zone occupée s'arrêtait à Vierzon. Limoges était restée en zone libre. Ce qui ne voulait rien dire. »

Vous étiez donc restés en contact avec celui qui avait pris Elta sous son aile, à Autun, et chez qui vous vous rendiez lorsque tu es venue au monde, ce jour d'été, à l'hôpital de Limoges. Il vous a encore invités, chez lui, à Perpignan, ce brave commissaire de police Malafosse qui vous est resté si longtemps fidèle. Entre-temps, il était revenu travailler au pays, en prenant d'ailleurs du galon. Déjà en 1932, le *Journal Officiel* publiait une promotion le concernant au rang de « commissaire de police de classe exceptionnelle », à Perpignan, ville où il est une nouvelle fois mentionné au JO à ce même poste en 1937. Pendant la guerre, il est toujours en poste dans sa ville puisqu'un historien de la Résistance communiste dans les Pyrénées-Orientales, Georges Sentis, mentionne son nom lors d'une distribution de tracts organisée par la Résistance un jour de 14 juillet[1]. Ignace avait

1. Georges Sentis, *Les communistes et la Résistance*, 1983, p. 123.

racheté une voiture à cette époque, peut-être avez-vous fait la route vers la Méditerranée en traversant cette France coupée en deux, laissant « libre » sa partie méridionale. Et ce fut votre dernière photo de famille, à supposer qu'Ignace vous accompagnait là-bas. On ne refait pas sa vie, on ne remonte pas le temps, on veut juste se souvenir, parfois, d'une image douce et rassurante que l'on garde tout au fond de son cœur.

5
LA CHASSE À L'HOMME

C'est une affaire que tu ne connais peut-être pas Rosa, mais que je vais à présent relater car elle est lourde de conséquences pour ce qui va se passer ensuite dans ta famille, et peut-être explique-t-elle aussi bien des choses… J'ai retrouvé cette histoire énigmatique aux archives départementales de la Haute-Vienne[1], grâce au dévouement d'Anne (archiviste consciencieuse dont la tante est une rescapée de Ravensbrück), dont l'aide m'a été infiniment précieuse pour recoller toutes les pièces du puzzle et pouvoir raconter ta vie et celle de tes proches, en restant au plus près de la vérité.

Limoges, 18 octobre 1943. Dans le bureau du commissaire de police Maurice Dupuis, chef de la section judiciaire de Limoges, et auxiliaire du procureur, est entendu un chauffeur d'automobiles qui prétend se nommer d'abord Maurice Verrier, mais qui vit en réalité à Limoges sous un faux nom. Il avoue que son véritable patronyme est Bejnbaum, et il déclare être né à Varsovie le 25 juillet 1917. Le rapport du commissaire précise qu'il est « de religion juive ».

Si cet homme est entendu par la police, c'est qu'il a été mis en cause dans un trafic de dollars qui a eu pour protagonistes

1. 1517W (246).

plusieurs membres de la communauté israélite de Limoges. Il affirme en effet, pendant l'interrogatoire, qu'Ignace Szlejen, propriétaire du magasin « Au Carreau du Temple » à Limoges, lui a remis dans le courant du mois d'octobre 1942 « un rouleau enveloppé de papier » contenant plusieurs billets de cinquante dollars à l'intention d'un manutentionnaire originaire de Lituanie nommé Elkens Wajnberg qu'il connaît à peine. Bejnbaum affirme avoir servi d'intermédiaire pour le compte d'Ignace, car en échange de ces dollars, Wajnberg, lui, aurait donné 35 000 francs qu'il aurait lui-même redonnés à Ignace. Ton père, Rosa, aurait donc touché cette somme, moins une récompense de 5 000 francs pour le service rendu par Bejnbaum. Et Wajnberg pensait avoir fait une bonne affaire, car la valeur des dollars était bien supérieure, en théorie, au montant qu'il avait investi pour les obtenir.

Bejnbaum disparaît fin 1942, retourne à Paris, mais revient courant mars 1943 où Wajnberg, furieux, lui demande de rendre l'argent. En effet, le manutentionnaire lithuanien a découvert que les fameux dollars étaient des faux ! Bejnbaum ne restitue qu'une petite partie de la somme, et Wajnberg se rend à la police, muni d'un des faux dollars qu'il a conservés pour prouver ce qu'il dit. L'enquête commence illico. Bejnbaum fait sa déposition le 19 octobre, et le lendemain, les policiers convoquent Wajnberg qui donne une tout autre version :

> « Je ne connais pas le nommé Szlejen, je n'ai jamais eu affaire à lui. Tout ce que vous a dit Bejnbaum à ce sujet est une pure invention de sa part… »

Et Wajnberg porte plainte contre Bejnbaum.

Le 25 octobre 1943, le commissaire Dupuis convoque à nouveau Bejnbaum qui maintient sa version. Il révèle une autre histoire assez similaire, dont il aura peut-être pu s'inspirer pour donner le change à la police dans sa première version. Dans le courant du mois de mai 1942, Bejnbaum aurait également cherché à écouler des faux dollars auprès d'une autre personne, une femme de cinquante et un ans, née en Lituanie elle aussi, et commerçante rue Montmailler. Selon Bejnbaum, ton père aurait été mêlé là aussi à ce trafic, en étant là aussi le pourvoyeur des faux dollars. La victime serait parvenue à se faire rembourser et rien ne se serait ébruité… Cette « Dame Urisonas », née Lewit, a mis en cause Bejnbaum lorsque les policiers l'ont convoquée le même jour au commissariat. Elle n'a jamais, elle non plus, identifié ton père au moment de cette transaction.

Voilà, Rosa, pratiquement tout ce que nous dit le dossier conservé aux archives départementales. J'ignore si les personnes interpellées ont été écrouées ou non. Le 25 octobre 1943, le commissaire Dupuis a transmis l'affaire au procureur, en inculpant Bejnbaum pour escroquerie mais également ton père pour le même chef d'accusation et aussi pour émission de fausse monnaie étrangère. Dans l'intervalle, les inspecteurs de police se sont présentés à votre domicile pour demander des explications à Ignace. Ta mère leur a alors dit que son mari était parti « pour quelques jours à Nice ». Mais le rapport du commissaire Dupuis est sans appel : ton père est alors déclaré officiellement en fuite, son identité complète et ses origines juives polonaises, comme celle de ta mère Elta, sont clairement indiquées dans le dossier à cette date particulièrement critique de l'automne 1943.

Quelle est la fiabilité de cette affaire ? La police locale est-elle alors irréprochable ? Où vont ces informations ? Au lendemain de la Libération, en 1945, on trouve un communiqué qui rend pour le moins perplexe dans *Le Populaire du Centre* :

> « M. le secrétaire général pour la police de la région de Limoges nous prie de rappeler que l'épuration des personnels de police, conformément aux instructions de M. le ministre de l'Intérieur, doit être terminée avant le 1er mars. En conséquence, tous les documents concernant les fonctionnaires de police doivent parvenir avant le 20 de ce mois, soit au secrétariat général pour la police (cabinet), soit à M. le commissaire régional de la République ou aux comités départementaux de Libération. Toutes les pièces doivent comporter l'indication de faits précis et être signées par leurs auteurs. »

On ne peut pas dire que la confiance règne vis-à-vis des fonctionnaires de police en poste sous Vichy.

Tu as fait noter dans tes Mémoires, Rosa, que ton père était parti pour Nice « avec le cousin Aria » fin 1942, après les vacances chez Monsieur Malafosse. Ces vacances – eux qui n'en prenaient jamais – étaient-elles un prétexte pour obtenir de l'aide auprès de ce commissaire de police qui était leur ami et qui, lui, pouvait les protéger ? Ignace aurait-il eu des craintes que cette affaire de fausse monnaie à Limoges ne surgisse et se termine mal, compte tenu du climat ambiant pour la communauté juive dans la ville en particulier et dans la zone occupée en général ? En tout cas, cette histoire embrouillée, à prendre avec des « pincettes » au moment où la chasse aux Juifs est décrétée de toutes parts, va dicter la plus grande prudence à Ignace[1].

En effet, il y a déjà plusieurs mois que le sort de la communauté juive, à Limoges comme ailleurs, était scellé par les nazis et par l'administration de l'État français qui obéissait servilement à l'ennemi quand elle ne précédait pas ses ordres. Un simple rappel de ce qui se passe fin 1942 : les Allemands envahissent la zone « libre » après le débarquement des Alliés en Afrique du Nord. Le 11 novembre au matin, les convois des troupes d'occupation arrivent à Limoges. Trois jours plus tard, le journal collaborationniste français *L'Appel du Centre* publie un communiqué en langue allemande pour mettre en place le ravitaillement des soldats allemands. Des affiches sont placardées quelques mois plus tard sur les murs (janvier-février 1943) pour inciter les jeunes Limousins à partir en Allemagne effectuer le service du travail obligatoire. Un bureau de recrutement est ouvert, rue Adrien-Dubouché, non loin de la boutique où Elta, désormais sans Ignace, mais avec une employée que tu nommes « Cécile », vend des imperméables.

Dans le même temps, le recensement systématique des Juifs et leur fichage se poursuit et s'accélère dans toute la France (sauf exceptions provisoires, comme à Nice). Le 15 janvier

1. *Le Populaire du Centre*, édition du dimanche 11 et lundi 12 février 1945.

1943, Ignace et Elta sont obligés de faire apposer la mention « Juif » sur leur carte d'identité respective. La « liste d'inscription des Israélites français qui se sont présentés au 1er arrondissement » de Limoges les concerne directement. Elle est aujourd'hui consultable aux archives départementales de la Haute-Vienne[1]. On a donc ici la preuve qu'Ignace s'est bien présenté en début d'année 1943 à Limoges, alors qu'il aurait pu y échapper provisoirement à Nice, selon tes informations Rosa. Mais il disposait sans doute d'une voiture et pouvait peut-être faire un aller-retour[2]…

Un autre document administratif, établi le même jour par la préfecture de la Haute-Vienne[3], te concerne directement. Il s'agit d'une demande de carte d'identité (n° 992 E, État français) qui nous confirme non seulement ta filiation, mais également ton signalement précis : tu mesures 1,50 m, tu as les cheveux châtain clair, les yeux bleus (mais Myriam et Sarah affirment qu'ils étaient verts et elles ont raison), tu as le teint clair, un petit nez, et le visage ovale. Le mot « Juif » n'apparaît pas sur cette demande. Ta photo figure sur le document, ainsi que l'empreinte digitale de ton pouce droit. Je n'ai pas trouvé trace d'autre pièce d'identité te concernant. Ta sœur Fanny ne fait pas l'objet d'une demande (sans doute une question d'âge) ou tout au moins aucune trace n'a été conservée.

* *
*

En prenant sa décision de s'éloigner de Limoges, Ignace a probablement estimé qu'il valait mieux que vous soyez séparés géographiquement de toute façon pour des raisons de sécurité. S'il était arrêté sur la Côte d'Azur, au moins, pensait-il, vous pouviez avoir à Limoges des chances d'échapper à la déportation. Mais en rejoignant la communauté juive de Nice, il n'avait

1. 993 W224.
2. Une plainte déposée par Ignace Szlejen pour vol de la roue de secours de son véhicule garé devant sa boutique de la rue Adrien-Dubouché prouve qu'il en possédait un pendant la guerre en 1940 (*Le Populaire du Centre*, édition du 29 avril 1940).
3. 1517 W 662 5 dossier 20214 /5, 1517 W246 dossier 10681.

pas idée, ton papa, du piège machiavélique qui allait se refermer sur lui et ses milliers de camarades qui se retrouvaient de fait, par leur propre choix de se rassembler près de la frontière italienne, livrés en pâture aux nazis.

Selon l'étude d'un historien, près de 30000 Juifs s'étaient regroupés depuis le début de la guerre, principalement dans la ville de Nice, mais aussi dans tout le département des Alpes-Maritimes. Or, cette zone, explique Jean-Louis Paniccaci[1],

> « fut confrontée à des vagues successives et parfois massives de migration de Juifs français et d'immigration de Juifs étrangers fuyant les persécutions nazies, qui en firent un lieu de conflit entre autochtones et allogènes, administration et réfugiés, autorités italiennes et vichyssoises avant que l'irruption des troupes allemandes, le 9 septembre 1943, ne débouchât sur une véritable chasse à l'homme, qui se prolongea plusieurs mois durant, aboutissant à la dispersion ou à l'anéantissement d'une communauté ».

La chasse à l'homme, en voici une idée justement qui ressort d'un document *de Droit et Liberté* publié par Paniccaci :

> « Secondés par la milice, mitraillettes au poing, les nazis barraient une rue, faisaient irruption dans les hôtels et ramassaient tous ceux qui d'après leurs pièces d'identité ou selon leur physionomie paraissaient être juifs. Dans ces opérations la Gestapo se fiait peu à la police française qui n'y jouait qu'un rôle effacé, ses agents, surveillés d'ailleurs par des SS, gardaient seulement l'accès des rues barrées où les nazis opéraient. Les rafles étaient intentionnellement sauvages. Les gens étaient bousculés, jetés avec brutalité dans les camions et emmenés sans le moindre bagage. On tirait des rafales de mitraillettes sur quiconque essayait de fuir. En même temps que dans les hôtels, des rafles-éclairs ont commencé dans les rues. Les Allemands cernaient en un clin d'œil un carrefour, un marché, une rue et arrêtaient tous les passants, hommes et femmes. Une fois à la Gestapo, les brutes nazies ne se contentaient pas d'une simple vérification d'identité. Ils faisaient subir une vérification odieuse à tous les hommes : ils les déshabillaient pour voir s'ils

1. Jean-Louis Panicacci est un historien français, professeur d'histoire géographie au lycée d'Antibes puis maître de conférences en histoire contemporaine à l'université de Nice, spécialiste de la Seconde Guerre mondiale dans les Alpes-Maritimes.

> étaient circoncis. Tout homme circoncis n'était plus relâché étant considéré comme juif… »

Selon les renseignements que tu as pu recueillir auprès d'Elta, Rosa, dans ton jeune âge, Ignace a ainsi été arrêté un jour dans une chambre minable d'un bas quartier de Nice où ils étaient une vingtaine de sa communauté à vivre entassés, dans des conditions déjà épouvantables. Il n'a pas fait partie des premières déportations massives organisées à partir de l'automne 1943, mais on retrouve son nom sur un convoi au départ de Nice à destination de Drancy le 27 février 1944[1].

1. *Déportés de l'Isère, 1942-1943-1944*, Presses universitaires de Grenoble, 2005.

6

SEULE

Elta a appris la déportation d'Ignace, peut-être par un cousin, une connaissance qui lui aura écrit, ou qui sera repassée par Limoges et la rue Monte-à-Regret. Elta, toutefois, n'a pas cédé à la panique ni baissé les bras. Non, elle a continué à faire tourner ses boutiques et elle a fait tout ce qu'elle pouvait pour vous sauver, toi et ta petite sœur.

Cela n'a pas été sans mal. Depuis l'arrivée des troupes allemandes dans la ville, les habitants de Limoges ont vu leurs libertés peu à peu être confisquées et ont commencé à vivre dans un climat de terreur. La police politique de Himmler, la Gestapo, a élu domicile à l'angle du cours Gay-Lussac et de l'impasse Tivoli, face au champ de Juillet, dès que les troupes nazies sont entrées dans Limoges. La « Villa Tivoli » est ainsi devenue le siège de la plus redoutable des polices qui aient existé. Tout a été fait pour terroriser la population. La Gestapo a torturé et assassiné à tour de bras. Cent soixante-six meurtres ont ainsi été attribués en juin 1943 au « commandant de la sûreté » August Meier, l'un des patrons de la Gestapo limougeaude. La Résistance s'organise pourtant, comme elle le peut, par exemple dans les caves Saint-Christophe, avenue Labussière, où les transports clandestins d'armes se font dans des camions censés transporter du vin… Mais le temps des premiers martyrs n'est pas loin : des combattants de l'ombre et des personnalités connues dans la ville comme Valentin et Georges Lemoine, Armand Dutreix, Arsène Bonneaud, professeur à l'école de médecine de Limoges mort à Buchenwald, vont payer de leur vie leur engagement face aux forces d'occupation.

De surcroît, en ce début d'année 1943, il n'y a pas dans la ville que des résistants. Le temps des « collabos » est venu, lui aussi. La première assemblée de la milice a lieu le dimanche 28 février au cirque-théâtre de Limoges, comme dans toute la France. L'objectif de cette organisation, placée sous l'autorité de Joseph Darnand, est « de poursuivre et d'anéantir le communisme où qu'il se trouve ». Au-delà du discours idéologique, il y a la promesse d'assurer « l'ordre intérieur » et pour cela l'annonce de la création d'un corps franc, appelé « Franc-Garde » est faite officiellement pendant la séance. Ainsi, à Limoges, le délégué à la propagande précise pour tous les sympathisants présents que cette milice sera

> « composée par des hommes jeunes, de toutes conditions sociales, dont l'unique souci sera de défendre le territoire en cas de menace étrangère... La milice française, poursuit-il, a un idéal, un idéal véritablement socialiste. Il s'agit de remédier à la misère et à la famine, deux des causes importantes du communisme. Pour ce faire, partout où il sera possible, des restaurants communautaires seront créés ».

En Limousin, comme ailleurs, certains jeunes, aux profils parfois très différents, des aventuriers, des forts en gueule, des miséreux qui espèrent se faire un peu d'argent, plus rarement des militants vraiment fascistes ou nazis dans l'âme, vont se laisser convaincre par ces discours démagogiques à souhait. On verra, au moment d'Oradour, comment les miliciens ont défendu le territoire face à la menace étrangère.

Depuis le départ d'Ignace à Nice à la fin de l'année 1942, Elta s'est impliquée à sa manière dans une forme de résistance que l'on peut qualifier d'humanitaire. La maison de la rue Monte-à-Regret est devenue bien vite un refuge que le bouche-à-oreille fait largement connaître et où des familles en fuite viennent trouver asile pour une ou plusieurs nuits. Je tiens ces confidences de Myriam et Sarah qui en ont parlé avec toi, Rosa, à plusieurs reprises. Il y avait tout le temps du mouvement, des départs et des arrivées. On a fabriqué des faux papiers dans votre maison, sous l'autorité d'Elta, seule maîtresse à bord désormais. Beaucoup de ces fugitifs, pour échapper aux griffes de la Gestapo, ont changé de nom.

Cette action de votre mère a été reconnue, Rosa. On trouve un dossier au nom d'Elta Szlegel, née le 16/9/98, sur un fichier « archives collectives des Forces Françaises de l'Intérieur » répertorié sur le site Mémoire des Hommes. Elta y figure donc comme appartenant à l'état-major et aux services départementaux de l'ORA du 1-1-1943 au 9-3-1944.[1] Cette reconnaissance a été faite postérieurement à la Libération.

Cette entraide que tu évoques dans tes Mémoires, elle s'était exercée sur la place publique, avant l'arrivée des Allemands :

« Les Juifs avaient élu un jardin à Limoges, place Jourdan. Ils s'y retrouvaient pour se connaître », dis-tu textuellement. Est-ce comme cela que ta maman a revu à Limoges son premier fiancé, celui pour lequel elle était partie de Varsovie en 1923-1924, et qu'elle avait été tant déçue de ne pas retrouver sur le quai de la gare, à Berlin, où ils s'étaient pourtant donné rendez-vous ? Vingt ans plus tard, ce fiancé juif que tu nommes Isidore (prénom d'origine : Azryel) est de retour ! Après le rendez-vous manqué de Berlin, Boksenbaum s'est marié avec Suzanne, il a eu deux fils, Salomon et Léon, et il est venu se réfugier avec Léon, 62, rue François-Chénieux à Limoges, et ensuite à Panazol[2]. Incroyable, non ? Mais vrai.

Les raisons de la venue d'Isidore Boksenbaum à Limoges restent un mystère, un secret que ta mère ne t'a pas révélé, Rosa, mais il est certain qu'ils se sont retrouvés dans cette ville où tu es née, et tu l'as fait noter, sans employer le conditionnel, dans tes Mémoires, ajoutant même à son propos : « C'était

1. Archives conservées sous la cote GR 19 P 87/13, *https://www.memoiredeshommes.sga.defense.gouv.fr*. L'orthographe du patronyme est légèrement erronée (Szlegel au lieu de Szlejen) mais la date de naissance est exacte.
2. Archives départementales de la Haute-Vienne, 985W456 ; 47J3.

sûrement son amant. » « *Le hasard est curieux, il provoque les choses* », chante superbement Charles Aznavour dans un de ses plus beaux textes, *Non, je n'ai rien oublié.* Le hasard, justement, a-t-il été provoqué par Elta ?

Ce que disent en tout cas les archives[1] à propos d'Isidore/Azryel Boksenbaum, c'est qu'il était ouvrier fourreur, qu'il s'est engagé volontaire en arrivant en France dans le régiment de marche des volontaires étrangers, puisqu'il est arrivé à Limoges le 7 mai 1942 avec son fils Léon. Où était alors sa femme, Suzanne, et son autre fils, Salomon ? Le Mémorial de la Shoah, qui détient une notice sur Isidore, ne donne pas d'information sur les autres membres de sa famille. En fait, il y a ici la preuve que l'ancien fiancé d'Elta était arrivé à Limoges avant la séparation entre ta mère et ton père. Se sont-ils revus dès le printemps ou l'été 1942, en se rendant l'un et l'autre place Jourdan, là où se retrouvaient les Juifs de la ville qui désiraient « faire connaissance » ? C'est toute la question.

Dès l'année 1943, Elta prend des décisions importantes, vous concernant, toi et ta petite sœur. Elle sait parfaitement que vous êtes en danger, et, déjà, elle prépare votre avenir, au cas où elle ne serait plus là… Tu t'en souviens sans doute avec émotion, Rosa, quand tu évoques ainsi cette période si angoissante, si perturbée :

> « Plusieurs fois dans l'année, on allait dormir ailleurs, jamais au même endroit, on partait en pleine nuit. Ma mère n'affolait pas ses enfants… »

Je ne sais pas, à vrai dire, ce que signifient exactement les paroles d'Elta, mais il est sûr que la maison de la rue Monte-à-Regret ne lui paraissait plus fiable, autour d'elle, probablement, les arrestations devaient se multiplier, alors elle faisait jouer son réseau pour trouver un abri sûr dans une petite ville, ou à la campagne peut-être, chez des paysans. J'ai parlé de ceci avec un de vos lointains cousins, Laurent Szlejen, qui s'est souvenu de localités comme Poulouzat, Saint-Léonard ou encore

1. Idem (relevé effectué par Bernard Pommaret).

Saint-Yrieix où des personnes qu'il qualifiait de « Justes » avaient accepté de cacher certains membres de la famille...

Pour Elta, la situation est très difficile, on peut supposer de nombreux déplacements par le train ou le tramway, avec le risque de se faire repérer. Et puis elle doit en même temps gérer ses différents commerces en dépit des menaces qui s'additionnent. Elle finit par s'adresser bientôt à des religieuses avec qui elle passe un contrat pour toi Rosa, et un autre pour ta sœur Fanny, mais dans deux écoles éloignées l'une de l'autre, pour que l'on ne puisse pas vous arrêter toutes les deux à la fois, et donc donner à l'une d'entre vous une chance supplémentaire d'échapper à une rafle hélas prévisible. « Il était question qu'on rentre sous un faux nom », dis-tu dans cette autobiographie si précieuse que tu nous as laissée. On y apprend encore que Fanny a été inscrite à Beynac, à moins de vingt kilomètres de Limoges, sur la ligne Limoges-Périgueux, et que toi, Rosa, tu as été mise en pension dans un autre pensionnat catholique, l'école Sainte-Marguerite de Cieux, dans les monts de Blond, éloignée de Limoges d'environ trente kilomètres. Elta a payé votre pension à long terme dans ces deux institutions catholiques, selon Myriam, pour que vous puissiez être prises en charge jusqu'à votre majorité. Je rappelle qu'en 1943, tu n'avais que seize ans, Rosa, et ta petite sœur treize ans.

Le pire que votre mère redoutait pour vous, plus que pour elle-même, s'est produit au début de l'année suivante :

> « Ma mère a été arrêtée par les Allemands en février 1944, dis-tu dans ton autobiographie, elle venait d'accompagner ma sœur à la gare de Limoges. Elle a repris le tramway, elle a été arrêtée place Denis-Dussoubs. Les Allemands sont rentrés dans le tramway "Madame Szlejen, suivez-nous". Isidore Boksenbaum était sur le trottoir où il était allé chercher un journal. Il s'est précipité vers ma mère, est remonté, et a été pris avec elle. C'était sûrement son amant. »

Selon les renseignements de Bernard Pommaret (archives départementales et Mémorial de la Shoah), la date d'arrestation d'Elta a eu lieu le 4 mars 1944 à Limoges. En ce qui concerne Isidore, il y a officiellement un décalage de deux jours, puisqu'il est déclaré dans les archives qu'il a été arrêté le 6 mars 1944 à Panazol. Peut-être ces deux journées ont-elles suffi à la Gestapo pour l'identifier et le faire déporter à Drancy le même jour que ta mère, à savoir le 7 avril 1944.

Myriam vous a interrogées à plusieurs reprises sur les circonstances de cette arrestation de votre mère. Pour Fanny, elle aurait été dénoncée par le bijoutier qui était installé juste en face de votre maison. Et toujours selon Fanny, votre grand-mère t'en voulut, plus tard, de continuer à voir ce bijoutier. Pour toi, Rosa, la dénonciation d'Elta était en fait la vengeance de la part d'une employée à domicile qu'Elta avait licenciée (elle lui aurait volé de l'argenterie). Dans un cas comme dans l'autre, les oreilles des agents de la Gestapo étaient toujours grandes ouvertes... Et il y avait déjà belle lurette que votre mère était fichée, c'est une évidence.

Ce 7 avril 1944, entre Limoges et Drancy, Elta et Isidore voyagent pour la première et la dernière fois dans le même train, peut-être dans le même compartiment, peut-être côte à côte. Ils ne savent pas encore vers quelle destination ce convoi les achemine, ils ne peuvent pas savoir qu'après Drancy ce sera Auschwitz, Pologne, c'est-à-dire l'enfer.

7

PANIQUE AU PENSIONNAT

C'est un matin ordinaire, au début du mois de mars 1944, dans un vieux pensionnat catholique des monts de Blond, en Haute-Vienne. Au moment de la récréation, la religieuse qui vient de terminer son cours s'avance jusqu'à toi, Rosa. « Sœur Marie-Dominique souhaite vous parler, Mademoiselle Szlejen. » Tu sursautes. Depuis que tu es pensionnaire à l'école Sainte-Marguerite de Cieux, c'est la première fois que tu es ainsi convoquée dans le bureau de la directrice. Tu cherches la faute que tu as pu commettre, car tu connais la sévérité des religieuses dans cet établissement très rigide où tu as été admise voilà déjà quelques mois, sans doute à la rentrée de l'année scolaire 1943-1944. Une de tes meilleures camarades en a fait les frais quelques semaines auparavant. En classe, elle avait demandé la permission d'aller « aux Charmilles[1] ». Arrivée dans la cour de l'école, elle s'est dirigée vers l'une des trois cabanes en bois, aménagées en toilettes, et a tiré la porte sans prendre garde qu'une autre élève y avait déjà pris place. La fillette a été choquée par cette « intrusion » bien involontaire pourtant, et s'est plainte aussitôt auprès de la sœur qui assurait le cours. Ta

1. Les « Charmilles » désignent les WC à cette époque dans l'école de Cieux (souvenir de Marie-Christiane Granet, juin 2021).

camarade a été collée toute la semaine et elle a été convoquée ensuite auprès du curé de Cieux, l'abbé Grenier, pour qu'elle se confesse d'une faute qu'elle a toujours affirmé ne pas avoir commise. Tu t'attends donc à être punie à ton tour, Rosa, et tu cherches vainement quelle peut en être la raison. Mais tu ne sais pas encore que le ciel va te tomber sur la tête.

En réalité, la directrice devant laquelle tu te tiens debout, les mains sagement croisées sur ta blouse, et alors que tu retiens ton souffle, t'annonce la terrible nouvelle de l'arrestation de ta mère.

Toi, tu ne sais pas exactement ce qui s'est passé et comment cela s'est passé. Plus tard, tu as pu avoir des précisions. En fait, les inspecteurs de la Gestapo qui ont arrêté Elta dans le tramway ont accompli leur triste besogne sans le moindre ménagement et ont fait monter leur prisonnière aussitôt dans une Citroën Noire, traction avant, 11 CV, le véhicule de fonction de la police politique du Reich. Direction peut-être d'abord la Kommandantur ou la Villa Tivoli, avec Isidore Boksenbaum… Ils leur ont demandé leurs papiers à tous les deux, et en contrôlant la carte d'identité de ta mère, ils ont vu tout de suite qu'elle était juive, le fameux tampon apposé un an plus tôt à la préfecture. Puis les officiers de la Gestapo ont pris la direction de la maison d'arrêt où ils l'ont fait enfermer. Pour Isidore Boksenbaum, cela a pris encore deux jours, il a dû retourner à Panazol chercher ses papiers, et ils l'ont arrêté lui aussi.

Quelques jours plus tard, Cécile, la vendeuse si dévouée de ta mère, qui s'est toujours occupée de sa boutique de la rue Adrien-Dubouché, a reçu un message d'Elta. Comment ce message est-il parvenu à Cécile ? On peut lire les détails que donne dans un livre Charlotte Zucker, une Juive émigrée également de Pologne, qui a été arrêtée à son domicile limougeaud le 22 avril de la même année[1]. Cette déportée a en effet raconté comment les détenus s'y prenaient pour informer leur famille ou leurs proches de leur présence dans la sinistre bâtisse où

1. Charlotte Zucker, *Les Balcons fleuris d'Auschwitz*, les éditions du Colombier, p. 188.

s'entassent de nombreux Juifs et des résistants capturés au hasard des rafles, des perquisitions, et surtout des dénonciations :

> « La prison de Limoges se trouvait à côté du jardin d'Orsay, un jardin que je connaissais très bien car il était tout près de chez nous. On entendait tous les soirs des voix d'hommes : des gens qui venaient et qui se mettaient, je suppose, au jardin et qui parlaient très fort avec des prisonniers qui étaient à l'intérieur. C'est comme ça que les nouvelles se communiquaient... »

Toutefois, la direction de la prison ne va pas tarder à faire poser des auvents aux fenêtres pour que le contact soit rompu totalement avec ces gens de bonne volonté.

Elta a sans doute réussi à envoyer aux environs de la mi-mars, par un moyen similaire, un message destiné à sa vendeuse Cécile et lui a réclamé alors du linge. Et tu vas en avoir connaissance, Rosa, grâce à la lettre que Cécile adresse à la directrice de l'école pour l'informer de cette demande de ta mère, lettre dont tu évoques toi-même en déclarant en conclusion : « C'est comme ça que j'ai appris que maman avait été arrêtée. » Comment as-tu réagi sur le moment ? Est-ce que tu as pleuré ? Est-ce que tu es restée impassible, bien que rongée par la douleur, ce qui ne m'étonnerait pas quand on connaît ta force de caractère. Tu savais déjà que ton père avait été arrêté et maintenant c'est ta mère qui est en prison. Comment as-tu fait pour ne pas t'effondrer ?

La nouvelle de l'arrestation de ta mère a semé la panique au pensionnat. La directrice, très inquiète de savoir que la Gestapo peut maintenant localiser ses filles en interrogeant leur mère, a fait appel à l'abbé Patier, qui est un habitué de l'école Sainte-Marguerite (sa mère vit à Cieux et il intervient tous les ans lors de la cérémonie de remise des prix), afin de recueillir son avis et suivre ses conseils. Elle sait que cet ecclésiastique, qui a ses entrées jusqu'à l'évêché, est en mesure de résoudre le dilemme auquel elle est confrontée.

* *
*

Pendant ce temps, Fanny est retournée à l'école Saint-Jean-Baptiste de Beynac. Elta avait juste eu le temps de l'accompagner à la gare de Limoges et, donc, de la sauver. C'est une bénédiction que les officiers de la Gestapo soient montés dans le tramway au retour, et pas à l'aller…

Beynac, un autre pensionnat, une autre équipe, beaucoup de points communs bien sûr avec Cieux. Vous en avez sûrement discuté par la suite, toi et Fanny. Mais tu n'en dis rien dans tes confidences autobiographiques enregistrées par Élodie le 25 avril 2011. Par chance, j'ai retrouvé un article basé sur le témoignage de trois fillettes, Raymonde, treize ans, Suzanne, dix ans, Flore, sept ans, qui ont été placées en même temps que ta sœur dans le pensionnat de Beynac. Il s'agit des sœurs Nowodworski[1]. L'article paru dans la *Revue d'histoire de la Shoah*, nous renseigne avec précision sur cette école catholique :

> « Les trois enfants sont alors placées sous leur vrai nom au pensionnat Saint-Jean-Baptiste à Beynac. Le curé, la directrice et probablement leurs institutrices savent que les fillettes sont juives. Mais ces dernières ont pour consigne de dissimuler leur judéité et surtout de n'en rien révéler à leurs camarades. Au contraire, elles doivent laisser croire qu'elles sont catholiques tout comme les autres enfants. À l'église, elles disent les prières et font le signe de croix. Les deux petites ayant fréquenté l'école juive de la rue Secrétan seraient plutôt moins dépaysées que Raymonde. Tant bien que mal toutes trois se fondent dans leur nouvel environnement car elles ont compris que ne pas se faire remarquer est une question de survie. Seul un observateur attentif pourrait déceler certains détails surprenants. Ainsi, jamais les petites ne sortent. Ni le dimanche, ni pendant les vacances. Elles ne communient pas non plus… »

Elles n'ont pas été baptisées et n'ont pas eu de « pression en ce sens », écrit Danielle Kupecek.

Il est hautement probable que Fanny se soit souvenue des sœurs Nowodworski dont l'histoire a pu la marquer douloureusement. Ces enfants, dont la mère a été arrêtée puis déportée,

1. « Raymonde et les siens : une famille juive polonaise dans la France occupée », par Danielle Kupecek, *Revue d'histoire de la Shoah*, 1997/3 (n° 161).

ont connu tour à tour un camp regroupant des Juifs destinés à être déportés, sous contrôle allemand, puis un internement dans un foyer de l'UGIF dont elles se sont évadées pour rejoindre leur père à Séreilhac (Haute-Vienne). Cachées à Beynac, elles ont pu suivre une année scolaire complète d'octobre 1943 à juillet 1944.

En ce qui concerne l'école Sainte-Marguerite de Cieux où tu as été placée, Rosa, j'ai pu obtenir des renseignements auprès de trois personnes qui ont bien connu ce pensionnat dans les monts de Blond : Odette Granet qui a connu l'établissement avant la guerre, sa fille Marie-Christiane, qui a été inscrite dans l'école au tout début des années cinquante, et Solange Lassalle qui a été un peu plus tard directrice de ce même pensionnat. Toutes m'ont raconté des souvenirs qui permettent de mieux imaginer encore l'ambiance qui pouvait régner dans l'établissement à l'époque où tu l'as fréquenté.

Le vieux pensionnat était déjà au milieu du village. En entrant, il y avait une cour, un préau et la cuisine. Sœur Louise était la cuisinière de très longue date. On voit sur une photo prise vers 1935 que l'institution pouvait accueillir une bonne quarantaine d'élèves, réparties en trois salles de classe. Des plus jeunes, à partir de six ans, jusqu'à des adolescentes comme toi, Rosa. À seize ans, certaines élèves poursuivaient toujours leurs études dans cette école pour obtenir leur brevet… Bien sûr, toi tu étais une enfant cachée parce que tu étais juive, et comme à Beynac il fallait que tu te plies aux règles qui vous étaient fixées, quelle que soit la confession d'origine des pensionnaires :

> « On allait tous les matins à la messe, as-tu précisé, personne ne savait que j'étais juive. Je faisais toutes les prières, je crois même que j'ai été baptisée. »

Il est donc vraisemblable que tu aies conservé ton vrai nom, lors de l'inscription. On ne peut pas imaginer qu'au niveau de la direction, on ait pu ignorer que tu étais juive. Mais c'était la loi du silence. Cieux était une école très réputée, selon Marie-Christiane Granet. Il y avait beaucoup d'élèves de Limoges, d'autres venaient de régions plus lointaines comme la Vendée. Les parents voulaient que les enfants y reçoivent une éducation parfaite, on y apprenait la politesse, on y enseignait la morale. Le dimanche, le curé du village venait célébrer la messe. Le repas était amélioré ce jour-là. Ensuite, c'était la promenade à travers la campagne environnante.

> « Nous étions vêtues en bleu marine, avec chemisier blanc, et béret bleu marine aussi, s'est souvenue Marie-Christiane. C'était obligatoire. Les autres jours, nous portions nos blouses d'école plus ordinaires. »

Bien sûr, il y avait des moments de relâchement pour les internes. Le soir, dans le grand dortoir commun, on se couchait sagement, sous le contrôle de la vieille religieuse qui avait son lit dans la même pièce, entouré de rideaux opaques. Mais, lorsque celle-ci s'endormait, c'était le chahut qui commençait et vous sautiez sur les lits à qui mieux mieux.

Un détail encore : au début des années cinquante, l'école était chauffée par des poêles en fonte alimentés par du bois. Mais, pour faire sa toilette le matin, il n'y avait que l'eau froide qui coulait aux lavabos...

* *
*

Très vite, en ce jour du mois de mars 1944, où tu as été convoquée dans le bureau de la directrice, l'abbé Patier a fait connaître son intention : celle de te faire quitter au plus vite l'école Sainte-Marguerite, au grand soulagement de la directrice, même si la décision était difficile à prendre pour sœur Marie-Dominique, selon tes propres termes :

> « Les sœurs ne voulaient pas qu'on parte car ma mère avait payé jusqu'à notre majorité. Elles se sentaient responsables. Les sœurs savaient [aussi] qu'elles risquaient leur vie. L'abbé Patier nous a trouvé des places, il s'occupait des gens recherchés, un genre de bénévole. Sa spécialité : cacher des gens. Il faisait partie de l'évêché de Limoges. »

L'abbé Patier est en effet une figure marquante et attachante en Limousin dans le milieu de l'Église catholique mais aussi auprès de nombreuses familles, de toutes confessions, qu'il a aidées. Cet homme d'Église possède alors de nombreuses relations dans la région, car il est à la fois vicaire à la cathédrale de Limoges, mais aussi directeur de colonies de vacances, et il supervise plusieurs maisons où sont accueillis les enfants en difficulté, dont les familles n'ont pas assez de ressources, ou bien que des accidents de la vie ont fragilisées. En juillet 1935, il est devenu directeur de la colonie « Le Petit Muret » à Ambazac, il a créé le pensionnat « La Cité de l'Enfance » en 1940, est devenu directeur de la colonie de Plainartige de 1940 à 1950, puis directeur diocésain des colonies de vacances en 1942. À ces différents titres, il pouvait facilement trouver des « places » pour vous cacher l'une et l'autre aux pires moments de l'Occupation. En 1942, il avait près de 1 200 jeunes colons placés sous sa responsabilité ! Les Allemands ne l'ont probablement jamais soupçonné de cacher des enfants juifs. Étagnac, Petit Muret près d'Ambazac, Saint-Martin-Terressus et Nieul étaient ses « maisons » où il pouvait pourtant faire entrer clandestinement des jeunes recherchés par la Gestapo, comme vous l'étiez…

J'ai pour ma part, au risque de me tromper, l'intime conviction que vous avez pu être cachées à Nieul car c'est là que l'abbé Patier avait accepté le placement de Léon Boksenbaum, après l'arrestation de son père à Panazol le 6 mars 1944. Je tiens cette information de mon ami Bernard Pommaret, qui m'a précisé que Léon avait alors été pris en charge par le COSOR, le Comité des œuvres sociales de la Résistance.

On se demande comment vous avez réussi aussi miraculeusement à passer entre les mailles du filet, toi et Fanny, au cours de ce funeste printemps 1944. C'était terriblement risqué, mais de toute façon, il n'y avait pas d'autre choix possible. Fuir, partir loin. Cette idée germe dans ta tête. Il n'y a plus beaucoup de temps, tu en as l'intime conviction, le pressentiment. Les événements vont d'ailleurs le prouver. Trois mois plus tard, les troupes allemandes ont débarqué à Cieux, dans ton école,

Rosa, chez les religieuses qui te gardaient. Ils ont réquisitionné tout le rez-de-chaussée du pensionnat Sainte-Marguerite pour y établir un hôpital de campagne. Juste avant d'aller brûler Oradour-sur-Glane et ses 642 habitants. Le village martyr n'est qu'à quelques kilomètres de ton ancien pensionnat[1].

Mais revenons, pour l'instant, à ce qui va se passer au cours de ces semaines décisives des mois d'avril et mai 1944. Une opportunité va se présenter. Et il fallait être forte et courageuse, Rosa, pour pouvoir la saisir. Quand on sait qu'on risque de tomber dans la gueule du loup, alors bien sûr, on joue le tout pour le tout…

1. Témoignage obtenu par l'auteur auprès de Solange Lassalle, ancienne directrice de l'école Sainte-Marguerite de Cieux, à partir de ses propres informations recueillies localement.

8

MILICE ET GESTAPO

Durant le mois d'avril 1944, alors que vous faites tout pour échapper aux griffes des nazis et de leurs complices, la division Brehmer, de sinistre mémoire, a été déployée dans la région du Limousin afin de capturer Juifs et Résistants. Ainsi, par exemple, à Châteauneuf-la-Forêt, à une trentaine de kilomètres de Limoges, plus de cinquante personnes ont été arrêtées, parmi lesquelles quarante juifs et plusieurs maquisards. Les nazis les ont parqués dans la salle des fêtes. Ils ont systématiquement été répertoriés, fichés, interrogés. Les résistants ont été torturés. Puis tous ont été déportés. On voit bien que la « Solution finale », planifiée par les nazis dans une villa des environs de Berlin, le 20 janvier 1942, est en train de prendre une ampleur considérable, y compris dans une région jusque-là relativement épargnée, choisie comme refuge par beaucoup de familles israélites, jusqu'aux plus petites localités, jusqu'au fin fond des campagnes. À compter de ce moment, l'holocauste s'accélère, et il prend une dimension industrielle avec le recours massif au gaz. Des Juifs originaires de toute l'Europe occupée sont déportés jusqu'aux camps de la mort, à l'est du continent. Le plus emblématique d'entre eux est le complexe d'Auschwitz-Birkenau, devenu le symbole de la barbarie nazie.

La Gestapo pratique notamment à Limoges une chasse à l'homme méthodique et implacable contre les Juifs, d'une exceptionnelle cruauté, en ce printemps 1944. Même le rabbin Deutsch, réfugié dans la ville avec la communauté alsacienne depuis le début de la guerre, va être interné à Saint-Paul-d'Eyjaux (un des camps de transit vers Drancy en Haute-Vienne) puis libéré par les hommes de Guingouin, puis à nouveau arrêté et même torturé.

Et la milice n'est pas en reste dans la persécution de la communauté juive de Limoges et de tout le territoire. Un homme va jouer dans la région un rôle déterminant : Jean de Vaugelas. Il arrive le 8 avril en tant que directeur des opérations du maintien de l'ordre dans la région de Limoges. Ayant rejoint la milice dès sa création, Vaugelas a pris rapidement du galon. Il est d'abord devenu chef régional à Marseille puis directeur de l'école des cadres d'Uriage (octobre 1943). Il a mené avec ardeur la lutte contre le maquis des Glières en février 1944. Deux mois plus tard, Vaugelas est nommé à Limoges. Il a autorité sur toutes les forces de l'ordre (milice, garde mobile, GMR et gendarmerie) et combat le maquis limousin avec une obstination féroce. Après avoir échoué contre le maquis de Guingouin, il essaie d'arrêter les chefs de la Résistance en Dordogne-nord.

En s'installant à Saint-Yrieix-la-Perche, l'état-major de la milice arrête, torture, et déporte notamment tous les Juifs de la ville au cours du printemps 1944. L'organisation mise en place par Darnand collabore avec la Gestapo. C'est l'heure de gloire, bien passagère, de cette police spéciale aux ordres de Laval qui a attiré depuis plusieurs mois déjà certains opportunistes.

* *
*

Le hasard est curieux, il provoque les choses. Je suis tombé, par hasard ou presque, Rosa, sur l'histoire d'un de ces jeunes loups qui ont adhéré avec ferveur aux idées pétainistes et qui soutient l'ennemi alors que vous êtes pourchassés… Jean-François Laplaud, né en juin 1924 dans un petit village proche de La

Meyze, est, au seuil de l'adolescence, un garçon plutôt taciturne et « fort en gueule » qui impressionne déjà son entourage, ses camarades en particulier, alors qu'il est interne au collège de Saint-Yrieix. Un de ceux-ci, avec qui je suis entré en relation en 2021, me l'a décrit, dès l'âge de dix-sept ou dix-huit ans, comme sûr de lui et dominateur, coureur de filles, et « pion » intraitable avec les « chahuteurs » moins âgés que lui[1]. À cette époque, certains élèves de première et terminale jouaient le rôle de surveillants pendant les études du soir. Le « pion » était réputé intraitable, il se faisait « cirer les pompes » par des plus jeunes qu'il terrorisait, selon un témoin fiable que j'ai rencontré.

Jean-François pose en effet sur une photo de classe de première au collège de Saint-Yrieix-la-Perche, dans les années 1943-1944, veste claire, col ouvert contrairement à la plupart de ses camarades tous cravatés. Le visage est fermé, aucun sourire ne se dessine sur ses lèvres, la coiffure est stricte, sans fantaisie[2]. Son nom et son prénom, avec la date et le lieu de naissance, figurent bien sur une « liste des jeunes gens du collège » où on peut relever les noms de plusieurs élèves de confession juive, comme Michel Haguenauer qui sera arrêté en mai 1944 lui aussi par la milice et déporté à Saint-Paul-d'Eyjaux. Juste avant les vacances de Pâques, alors que des informations circulaient dans le collège sur une arrivée imminente des miliciens, le principal a eu le temps d'écrire à des parents pour leur demander de retirer leurs enfants du collège. C'est ainsi que le jeune Léon Herzberg a quitté début avril l'internat de Saint-Yrieix pour se réfugier du côté de la Croisille-sur-Briance[3].

Le parcours de Laplaud est en fait très bizarre. Sa scolarité a suivi un cours normal jusqu'à présent. Il a obtenu sans difficulté son brevet élémentaire et il poursuit ses études jusqu'au baccalauréat en ce début d'année 1944. C'est un garçon méritant, un peu « l'intellectuel » de la famille. Ses parents sont de

1. Témoignage de M. Chabassier, fils d'un cheminot de Saint-Yrieix, qui était élève au collège en 1943-1944, transmis par sa fille Nicole Gaulier-Chabassier en mai 2021.
2. Louis Bournazel, *Saint-Yrieix-la-Perche et le pays arédien*, p. 319.
3. Conversation avec Léon Herzberg, 25 avril 2015.

condition modeste : son père est entrepreneur en maçonnerie à Champsiaux, sa mère est ménagère. Il a trois grands frères déjà entrés dans la vie active. Ce n'est pas un cancre et il acquiert une certaine culture. Mais, brutalement, en plein mois de janvier, il est renvoyé du collège dirigé par Jules Rebeu, un principal autoritaire mais droit, et que l'on dit très proche de la Résistance et aussi franc-maçon. Jean-François a-t-il été « victime » d'une sanction disciplinaire à cause d'une liaison tapageuse avec une jeune fille du collège, comme il l'affirmera plus tard ? Ou alors, des faits bien précis, revenus aux oreilles du principal, ont-ils inspiré à Jules Rebeu des craintes pour les pensionnaires réfugiés dans son établissement, ces jeunes qu'on oblige à porter une étoile jaune cousue au revers de leur veston et que le principal protège en les cachant de son mieux[1] ?

En effet, selon un témoignage probant que j'ai retrouvé aux archives départementales de la Haute-Vienne[2], Laplaud, tout en restant au collège, a mené très tôt des actions « coup de poing » contre la Résistance[3]. Ainsi s'exprime à son sujet Charles Michel, que les habitants de Saint-Yrieix connaissent surtout comme propriétaire du Royal Cinéma mais qui était aussi le chef de l'Armée secrète pour l'arrondissement arédien :

> « Mon rôle, explique Michel, consistait à déceler les suspects et à propager l'organisation des groupes de maquis. J'ai connu Laplaud Jean-François alors qu'il poursuivait ses études au collège de Saint-Yrieix. Depuis la création de la milice, il faisait une propagande très active pour ce mouvement. Il ne cachait pas ses idées antinationales, et dans ses conversations, il était très violent pour les ennemis du gouvernement de Vichy. À plusieurs reprises, j'ai constaté qu'il était armé d'un pistolet. Fin de l'année 1943 ou début de l'année 1944, j'avais été chargé de placarder des tracts de la Résistance sur le territoire de la commune de Coussac. Cette opération a été effectuée dans la nuit. Le lendemain, Laplaud est arrivé à Coussac et a

1. Michel Haguenauer, que j'ai retrouvé près d'Avignon, m'a indiqué que la direction du collège avait appliqué cette directive officielle, tout en permettant aux élèves juifs qui la portaient de la dissimuler le plus possible.
2. Rapport de la police mobile de Limoges remis par l'inspecteur Désiré Busière, 12 février 1945, 2469 W, 184 W.
3. Idem note précédente.

> déchiré la totalité des tracts qu'on avait apposés la nuit précédente, tout en proférant des menaces à l'égard des distributeurs. Dans la commune de Saint-Yrieix, Laplaud était considéré comme un individu très suspect du point de vue national. En ce qui me concerne, je peux vous certifier que c'était un traître à la patrie. »

L'inspecteur de la police mobile de Limoges a accumulé d'autres témoignages qui vont dans le même sens, comme celui du responsable du parti communiste clandestin à Saint-Yrieix, Robert Robineau :

> « J'ai connu Laplaud (Jean-François) alors qu'il poursuivait des études au collège de Saint-Yrieix. Au début de l'année 1944, il s'est engagé au 1er régiment de France[1], et par la suite j'ai su que Laplaud était entré dans la milice de Limoges. Après la Libération, j'ai vu au service B à l'intendance de police de Limoges un dossier relatif à cet individu. Ledit dossier relatait que Laplaud était chef de trentaine de la milice… C'était un aventurier capable de commettre les pires méfaits. Il était toujours porteur d'un pistolet. »

Des tentatives « d'appréhender » Laplaud sont d'ailleurs diligentées au printemps, séparément par les FTPF et par l'AS. Mais, à chaque fois, l'oiseau s'est volatilisé… J'ai appris, au fil de mon enquête, qu'un marchand de vin de Payzac, marié à une certaine Yvonne, l'aurait discrètement caché sous son toit en Dordogne.

---

1. Le 1er régiment de France, créé par Vichy, et basé au Blanc (Indre), était chargé de monter des opérations contre la Résistance (Wikipédia) et de passer par les armes tous les « terroristes ».

9

LA BRASSERIE *LE LUC*

Un jour de ce maudit printemps 1944, tu retournes à votre maison de la rue Monte-à-Regret, Rosa, la peur au ventre. Tu y retournes avec un copain, dis-tu, c'est plus rassurant d'être deux. Fanny est restée dans sa chambre, quelque part dans une des « maisons » de l'abbé Patier.

Tu as décidé de revenir dans la maison de tes parents avec un but précis : te procurer l'argent nécessaire pour pouvoir partir en Suisse avec ta sœur. Tu as entendu parler de cette filière, et tu sais qu'un convoi va partir prochainement. Elta et Ignace, alors qu'ils étaient encore ensemble, vous avaient parlé de cette possibilité de vous réfugier dans ce pays frontalier resté neutre pendant la guerre, car ils étaient au courant par le bouche-à-oreille que des convois partaient de Limoges ! Et ils avaient eu ces paroles que tu n'as pas oublié de répéter à tes nièces :

> « Mes parents avaient toujours dit : il y a dans la cave de quoi avoir un peu d'argent. Vous irez voir un organisme. »

Aller dans cette maison probablement placée sous scellés, même avec un copain qui n'a pas froid aux yeux sans doute, ce n'est pas sans risque. Mais tu échappes à toute surveillance.

> « On est descendus à la cave… il y avait du champagne, du vin, je suis allée les vendre dans une boîte de nuit à Limoges qui s'appelait

> *Le Luc*, place de la République. Avec cet argent, j'ai trouvé une organisation juive, j'ai toujours pensé que c'était l'OSE. »

Comment as-tu fait pour transporter les cartons jusqu'au *Luc* ? Les gens de la boîte de nuit sont-ils venus les chercher à domicile ? Le résultat, c'est que la transaction s'est faite, heureusement pour toi et pour Fanny.

Il faut expliquer, Rosa, ce qui se passe alors dans toute la région de Limoges. Les organismes comme l'OSE fonctionnent encore, mais pour peu de temps. Le docteur Lévy, le directeur de la pouponnière d'Isle, qui est l'une des chevilles ouvrières de cette association en Limousin, doit lui aussi s'exiler en Suisse avec toute sa famille, mais il le fait par ses propres moyens. Même les enfants en bas âge sont devenus des cibles depuis 1942. Le refuge de Poulouzat, à Condat-sur-Vienne, qui est géré par l'UGIF[1], et les enfants d'âge préscolaire qui s'y trouvent doivent tous être évacués, soit placés en familles d'accueil, soit transférés en Suisse. Idem dans les autres maisons d'enfants de l'OSE (ou de l'UGIF) qui ont été créées dans l'Indre, en Creuse et en Haute-Vienne.

La filière vers la Suisse, qui relève de ce que des historiens ont appelé la résistance humanitaire ou civile, a été mise en place en 1943, après les terribles rafles antijuives de l'automne 1942. Une première action concertée, entièrement réalisée par l'OSE[2], consiste en neuf convois rassemblant près de cent enfants. Ceux-ci ont pu passer sans encombre entre le 22 février et le 29 juillet 1943, explique Ruth Fivaz-Silbermann[3]

> « alors que la frontière franco-genevoise était gardée par les troupes italiennes. Les enfants voyagent avec de faux papiers, les vrais, quand ils en ont, sont cousus dans leurs vêtements. Ils ont été

1. L'UGIF (l'Union générale des Israélites de France) est un organisme créé par une loi française du 29 novembre 1941.
2. L'OSE (Œuvre de Secours aux Enfants) possède son siège à Paris depuis 1933. Pendant la guerre, un véritable réseau de maisons d'accueil a vu le jour dans toute la France. Le rattachement à l'UGIF a été effectif en 1942. L'acronyme OSE se prononçait généralement « osé ».
3. « Filières de passage de la France vers la Suisse », par Ruth Fivaz-Silbermann, *Revue d'Histoire de la Shoah* 2015/2 (n° 203).

> préparés et doivent dire qu'ils se rendent en séjour de santé ou en colonie. Ces premiers convois sont tous constitués à Limoges, où s'est ouverte peu auparavant une antenne de l'OSE (officiellement UGIF, 3e direction) dirigée par Julien Samuel; la Haute-Vienne et le département voisin de la Creuse concentrent en outre plusieurs maisons et institutions de l'OSE, d'où proviennent la plupart des enfants ».

Cette première filière s'arrête brusquement le 7 mai 1943, avec l'arrestation par les Italiens de l'un des passeurs! L'affaire, heureusement, n'alerte pas les autorités à Vichy. Et en 1944, les convois de la liberté, le mot n'est pas trop fort, entre Limoges et la Suisse, notamment, vont reprendre de plus belle. À charge toutefois, pour les enfants concernés, de trouver l'argent pour financer leur héroïque voyage…

C'est dans ces conditions-là que vous allez partir, Fanny et toi, avec le dernier convoi du mois d'avril 1944[1]. Vous avez donc payé votre passage vers la Suisse en vous rendant dans cette brasserie très populaire du centre de Limoges, appelée la brasserie *Le Luc*, où la Croix-Rouge et le Comité d'entraide aux prisonniers de Limoges organisent, sans doute un peu plus tard, une soirée de solidarité[2]. C'est dire que l'établissement n'est pas du côté de la collaboration. Mais avez-vous le temps ou la tranquillité d'esprit pour seulement y songer? En tout cas, tu as cette audace incroyable de faire une courte apparition dans la boîte de nuit pour y encaisser l'argent de la vente des bouteilles de champagne et grands crus que vous avez fait acheminer jusque-là. Tu recueilles donc les fonds nécessaires, c'est le Sésame. La somme est pourtant vertigineuse, dans la mesure où vous ne disposez pas d'argent, hormis le fruit de cette vente. Le tarif fixé par l'OSE pour le passage d'un enfant est en effet compris entre 5000 et 6000 francs, soit environ trois fois le

1. Information communiquée à l'auteur par Ruth Fivaz (courriel du 5 mai 2021).
2. *Le Limousin de la défaite et de l'Occupation: Chronique des années 1940-1944*, par Claude Lacan et Jean-Marie Proux, 1978.

salaire moyen d'un ouvrier[1]. Vous avez donc, à vous deux, eu besoin de verser « cash » ce que gagne par exemple un décorateur sur porcelaine durant la moitié d'une année…

Des recherches ont été menées par les historiens pour savoir qui coordonnait et organisait ces convois au départ de Limoges. Le rabbin Deutsch, explique Ruth Fivaz, est encore en avril 1944 « une plaque tournante de toute l'action juive, légale et clandestine, une véritable cellule conspiratrice ». Au sein de l'équipe qui travaille en Limousin, le nom de Georges Garel (de son vrai nom Grigory Garfinkel), organisateur pour l'OSE du réseau de camouflage des enfants, revient fréquemment. Il arrive que l'OSE délègue l'organisation de certains convois à d'autres organismes comme le Mouvement de la Jeunesse Sioniste (MJS), ce qui est le cas pour ton convoi, Rosa. J'ai obtenu confirmation que vous êtes présentes avec ta sœur sur les listes de l'OSE, « en liaison avec le MJS de Simon Levitte », selon une communication de Dominique Rotermund (OSE, Archives et Histoire) dans un courriel que j'ai reçu le 11 mai 2021.

Pour encadrer les enfants pendant leur voyage périlleux jusqu'à la frontière suisse, des accompagnateurs différents sont recrutés à chaque fois, car il faut changer pour ne pas éveiller les soupçons. Au printemps 1944, au moment où vous allez partir sur le quai de la gare, ce sont des « Demoiselles » dont on ne vous dit pas le nom qui montent avec vous dans le train. Auparavant, vous aviez reçu des consignes précises, alors que tu étais encore chez l'abbé Patier :

> « Avec treize enfants, nous sommes partis de Limoges, expliques-tu à Myriam et à Élodie. On avait rendez-vous sur la place Denis-Dussoubs, je suis allée chercher Fanny entre-temps. On nous avait dit de mettre deux robes, deux culottes, que des affaires sur nous, un cache-nez, des gants, pas de sac de voyage, partir libre. Nous avons voyagé en train, peut-être trois nuits et trois jours. »

1. *La fuite en Suisse : migrations, stratégies, fuite, accueil, refoulement et destin des réfugiés juifs venus de France durant la Seconde Guerre mondiale*, par Ruth Fivaz-Silbermann, thèse de doctorat, Univ. Genève, 2017.

Selon mes calculs qui se rapportent à une date d'arrivée connue – le 30 avril 1944 – vous avez donc quitté Limoges au plus tôt le 26 ou le 27. Vous montez alors à bord du fameux BG, autrement dit le Bordeaux-Genève dont les horaires viennent de changer. Les organisateurs, qui vous ont pris en charge, ont dû trembler peut-être *a posteriori*. En effet dans son édition du 28 avril, *L'Appel du Centre* donne des précisions peu rassurantes pour les voyageurs :

> « En raison des circonstances, la SNCF peut être appelée à supprimer sans préavis la circulation de certains trains de voyageurs… En ce qui concerne le B.G. à compter du 24 avril et jusqu'à nouvel ordre, un départ seulement à 1 h 17, en direction de Lyon, les lundis, jeudis et samedis. »

Ce qui signifie que vous êtes parties, toi et Fanny, en pleine nuit, vraisemblablement le jeudi 27 avril !

Quant aux « circonstances » dont parle pudiquement le journal, elles sont évidemment liées aux très nombreux sabotages que la Résistance organise sur les voies ferrées pour entraver le plus possible l'action de l'ennemi, en particulier les transports de troupes. On voit d'ailleurs sur le même communiqué que les trains 1008 et 1007 qui assurent le service entre Limoges et Toulouse sont désormais totalement supprimés. Le maintien du Bordeaux-Genève apparaît donc comme une aubaine. Votre sauvetage s'est joué sur le fil du rasoir…

10

UN DIMANCHE NOIR

Trois jours, trois nuits… Vous avez dû vraiment trouver le temps long, Rosa. J'ai regardé la carte ferroviaire 1940-1945[1]. Le trajet le plus emprunté entre Limoges et Lyon passait par Saint-Germain-des-Fossés dans l'Allier au nord-est de Clermont-Ferrand. Au-delà de Lyon, votre train vous a acheminés jusqu'à la frontière franco-suisse.

Le 30 avril 1944, qui était un dimanche, vous êtes enfin arrivés en Suisse. C'est la date qui est enregistrée sur une notice conservée aux archives de l'État de Genève, document précieux que m'a transmis Ruth Fivaz. Les enfants avec qui vous avez voyagé viennent de Limoges, nous dit cette historienne, ou d'autres localités du département comme Saint-Junien, Condat-sur-Vienne, Eymoutiers, Saint-Laurent-sur-Gorre. On relève aussi des passagers étiquetés « Simon » (autrement dit Simon Levitte, MJS) en provenance de Brive (Corrèze) et Terrasson (Dordogne). Un petit passager de onze ans, Jacques Wais, originaire de Paris, effectue là

1. Cette carte est publiée par Claude Penin dans l'ouvrage du Cercle d'Études et de Déportation de la Shoah « Le sauvetage des enfants juifs pendant l'Occupation », 2020, n° 28.

« sans aucun doute son voyage de la dernière chance. Sa mère est cachée à Limoges, son père ailleurs, il ne sait pas où. Mais ses deux petites sœurs de dix et six ans viennent d'être arrêtées… dans le minuscule village de Lacelle (Corrèze) ; leur maison a été brûlée par les Allemands. Les deux fillettes prennent le train vers la déportation et la mort presque exactement au moment même où Jacques prend le train du salut vers l'asile helvétique[1] ».

Dans le même courriel qu'elle m'a adressé le 5 mai 2021, l'historienne Ruth Fivaz m'apporte les informations suivantes :

« Rosa et Fanny Szlejen faisaient partie d'un convoi de treize enfants formé à Limoges et arrivé à la frontière suisse, à Genève, le 30 avril 1944. Il avait pour convoyeuses une Paulette que je n'ai pas identifiée, et une Marianne qui est selon toute vraisemblance Marianne Cohn[2]. À la frontière, un passeur rétribué prend le relais. »

Grâce à des témoignages d'enfants collectés par Ruth Fivaz, on sait que « Marianne » faisait préparer les enfants, en général, comme s'ils partaient en colonie de vacances. Un témoin raconte :

« Ils voyagent en tenue légère, adaptée à un séjour de vacances : chemisette, short, espadrilles. À Limoges, c'est Marianne Cohn qui les récupère. Elle organise le convoi "avec un punch extraordinaire", réquisitionnant des compartiments occupés par d'autres voyageurs et installant son groupe d'autorité. »

Toi, Rosa, tu racontes ce que tu as vécu durant ce voyage où il a fallu tenir, sans beaucoup de nourriture, et où il fallait faire face à la soif, en raison de la chaleur qui régnait dans votre compartiment :

« On était ravitaillés par des jeunes pour boire, manger, ce n'était jamais les mêmes, et nous sommes arrivés à Annemasse[3]. Là on

1. Ruth Fivaz, thèse 2017, déjà citée p. 914.
2. Marianne Cohn est une résistante juive allemande. Le 31 mai 1944, alors qu'elle convoie 28 enfants de quatre à quinze ans, le groupe est arrêté par les Allemands et incarcéré à l'hôtel Pax à Annemasse. Elle sera exécutée quelques jours plus tard.
3. Selon Ruth Fivaz, le convoi serait passé par la « petite gare périphérique de Monnetier-Mornex » distante de sept à huit kilomètres de la gare d'Annemasse.

avait peur, on ne crânait pas. On était tous ensemble dans le compartiment. À Annemasse, c'était la grosse trouille. Le dernier passeur nous avait dit : n'ayez pas peur, vous allez arriver sur le quai avec une grande photo de Hitler, avec des drapeaux, vous allez dans le jardin public et on viendra vous chercher. On est venu nous chercher et nous voilà partis pour la Suisse la nuit, à pied, avec les treize enfants. J'étais l'aînée. Il y avait toute une organisation pour s'occuper de nous. Ils nous ont donné à manger. Il a déchiré un billet et il m'a donné la moitié du billet, "tu le donneras quand tu auras passé la frontière, en arrivant". Un autre passeur est venu avec nous, et nous sommes passés par la forêt. On a passé la nuit, couchés à plat ventre, car on avait entendu des coups de feu. Quand les coups de feu ont cessé on est repartis avec le passeur. Personne ne pleurait, on nous avait ordonné le silence. Il fallait lever les pieds pour que les feuilles ne fassent pas de bruit. On est repartis jusqu'à la sortie du bois. Le passeur m'a dit "tu vois, là-bas, c'est la Suisse… tu as quelque chose pour moi". J'ai répondu que je n'avais rien du tout, que ce n'est pas la Suisse. Il faut nous amener plus près, des heures après. Arrivé à un moment, j'ai vu des soldats, je croyais que c'étaient des Allemands avec des grillages. Là, c'est la Suisse. Il m'a dit "quand tu arrives, tu auras besoin de dire… enfants juifs". Je lui ai donné la moitié [du billet coupé en deux], il y avait une espèce de pré, très difficile à monter, j'ai pris ma sœur et on a traversé en courant. Quand on est arrivées au grillage, les soldats suisses nous disaient qu'ils n'avaient pas la clé, ils sont allés chercher la clé ; on a entendu des coups de feu. On est passées en Suisse. Le village : Frossard[1]. Les gens du village sont venus, nous ont apporté des oranges. Les soldats nous ont demandé : "Où sont les autres enfants ?" On leur a dit qu'on a entendu des coups de fusil. Ils étaient très près de nous, dans une cabane, et les Allemands les ont tués. »

Ton témoignage est très fort, Rosa. Il est dommage, bien sûr, qu'on ne puisse plus t'interroger aujourd'hui pour en savoir davantage. Ces informations ne figurent pas hélas sur la notice qui mentionne votre arrivée, toi et Fanny, le dimanche 30 avril 1944. Mais Ruth Fivaz m'a apporté dans son courriel des précisions importantes qui sont à prendre en considération :

---

1. Dans ce témoignage inédit, recueilli le 25 avril 2011, Rosa Szlejen a fait noter « Frossard » mais il s'agit bien de Fossard.

« Selon nos archives, m'écrit-elle, deux groupes sont passés en Suisse par Fossard le 30 avril :
– à 8 h 50, un groupe de trois hommes et un enfant en provenance de Grenoble ; avec eux, un moniteur et militant du MJS et des éclaireurs juifs. L'enfant a des relations avec les groupes précédents. Ils sont bien passés ;
– à 19 heures, le groupe de treize avec Rosa Szlejen, en provenance de Limoges.
Mais les jours précédents, il y a eu à Fossard :
– le 29 avril à 22 heures, un convoi de dix enfants en provenance de Grenoble, bien passé ;
– le 28 avril à 22 heures, un convoi de dix-huit enfants en provenance de Grenoble, conduit par Marianne Cohn, bien passé.
Après le 30 avril, il n'y a plus de groupe constitué jusqu'au 6 mai, par Pierre-Grand (sans doute avec l'aide de Rolande Birgy). Le temps, en effet, de trouver un nouveau lieu de passage. Dès le 12 mai, on passe par Viry Soral.
Il est donc très possible qu'un groupe ait tenté de passer après le groupe de Rosa, mais, entendant les coups de feu ou prévenu par un passeur, se soit replié.
Je suis convaincu de la véracité du récit de Rosa concernant les tirs très proches et les aboiements, conclut Ruth Fivaz. Les douaniers allemands avaient des chiens avec eux, ils patrouillaient le long de la frontière et il y a malheureusement eu plusieurs groupes (mais pas d'enfants seuls) interceptés en automne 1943 et au printemps 1944 (à Norcier, à la Louvière, à Moëns-Prévessin). Il est en effet tout à fait plausible que les organisations résistantes aient changé de lieu de pénétration à la suite de ces tirs. Précédemment, c'est bien l'interception d'un groupe mixte à La Louvière, le 2 avril (deux adultes déportés, le reste des fugitifs sauvés), qui a fait abandonner ce point de passage et entraîné le choix de Fossard.
En revanche, je ne pense pas qu'il y ait eu des enfants séquestrés (et déportés ?) ou tués à cette date, car il n'y a aucune trace d'un tel événement, ni dans les archives de l'OSE, ni dans les récits mémoriaux, alors qu'il y en a pour toutes les alertes, vraies ou fausses. La grande majorité des enfants étaient suivis par l'OSE. Serge Klarsfeld n'évoque non plus rien de tel dans son Mémorial des enfants. »

On peut comprendre ton émotion, Rosa, quand tu as relaté ces événements si traumatisants de toute façon. Myriam, ta nièce, s'est souvenue que tu lui avais parlé de trois groupes qui avaient tenté leur chance ce dimanche 30 avril et elle a compris que seul ton groupe, qui était le groupe n° 2, avait pu passer effectivement la frontière. Tu avais eu très peur, ton seul souci c'était de sauver ta petite sœur Fanny que tu avais prise par la main, tout en courant le plus vite possible vers le poste de douane suisse. Après l'orée du bois, où le passeur a cessé de vous accompagner, vous avez eu une immense étendue à traverser, complètement à découvert. Fanny s'est souvenue notamment des chiens-loups qui vous pourchassaient, avec des aboiements effrayants, qui l'ont traumatisée à vie…

Je reviens sur tes propos, enregistrés en 2011, par ta petite-nièce Élodie Attias : « Le passage de la Suisse : le village "Frossard" [Fossard]. Les gens du village sont venus, nous ont apporté des oranges. Les soldats nous ont demandé : "Où sont les autres enfants ? On leur a dit qu'on a entendu des coups de fusil. Ils étaient très près de nous dans une cabane et les Allemands les ont tués. » J'ai également interrogé un de tes anciens salariés que tu appelais ton « fils professionnel » et qui m'a rapporté lui aussi tes propos concernant cet événement lorsque vous étiez à Rilhac des décennies plus tard. Il m'a confirmé les coups de feu, mais ne parle pas de la cabane et ne sait pas s'il y a eu des victimes.

En conclusion, je dirai que votre passage vers la Suisse, avec Fanny, a été extrêmement périlleux. Il est évident que vous avez eu affaire aux douaniers allemands et que ceux-ci ont tiré des coups de feu. Vous vous en êtes sorties de justesse. Mais les précisions de Ruth Fivaz démentent qu'il y ait eu effectivement des victimes. Cela ne change rien en tout cas, en ce qui concerne l'immense courage et l'esprit de responsabilité dont tu as fait preuve pour sauver ta petite sœur.

11

L'ÉCHAPPATOIRE

Il faut absolument que tu saches les choses, Rosa. Si vous êtes tous pourchassés, arrêtés, déportés, si toute la France tremble sous la botte des nazis, si tous les jeunes hommes qui viennent d'atteindre l'âge de vingt ans ne songent pour la plupart qu'à gagner le maquis pour ne pas partir au Service du travail obligatoire en Allemagne[1], Jean-François Laplaud, qui est lui-même concerné à compter du 21 juin 1944, a choisi d'échapper à ce départ outre-Rhin en s'engageant dès le mois de janvier dans l'un des bataillons du 1er régiment de France qui est basé dans l'Indre. Ce garçon fortement impliqué dans la propagande pétainiste tout en étudiant au collège de Saint-Yrieix, après avoir joué les colleurs d'affiches plus que belliqueux du côté de Coussac et de Saint-Yrieix, après avoir menacé et intimidé quelques-uns de ses voisins avec son pistolet « gros calibre », et certains témoigneront plus tard contre lui, a préféré donc rejoindre cette unité militaire certes française, mais dont le rôle est plus que trouble et s'inscrit pleinement dans la politique de collaboration avec les Allemands.

1. Le Service du travail obligatoire ou STO a été décrété le 16 février 1943 par Pierre Laval pour répondre aux exigences de Hitler. Mobilisés pour deux ans, les jeunes recrues sont dirigées vers l'Allemagne pour y travailler souvent en usine.

À l'origine, Pierre Laval a obtenu l'accord de Hitler, en se rendant à Berchtesgaden le 30 avril 1943, pour créer une force militaire qui reste la plus modeste possible. Ainsi, le général Bridoux forme le 23 juillet 1943 le 1er régiment de France. Cette unité est composée de trois bataillons dont l'effectif maximum est fixé à 2760 hommes, sous le commandement du général Antoine Berlon, considéré par certains comme pro-Allemand. Selon un ouvrage de Jean-Louis Laubry[1], le 1er régiment de France est doté d'un armement puissant. Il accueille dans ses rangs une centaine de miliciens volontaires.

Je ne sais pas, Rosa, le rôle qui a été dévolu à Jean-François Laplaud durant les quatre ou cinq mois où il est resté enrôlé au sein du 3e bataillon, basé à Dun-sur-Auron dans le Cher et dirigé par le colonel Aublet[2]. Je me contente de lire la suite de l'article mais cela donne une petite idée du type d'engagement qui était attendu de « nos » soldats vichystes :

> « Le régiment est chargé de monter des opérations contre la Résistance. De multiples accrochages ont lieu. Ainsi, à Vaussujean, sur la commune de Saint-Sébastien (Creuse), le 28 mai 1944, un détachement de trente hommes du 1er RF commandé par le lieutenant Bonioli monte une embuscade contre des résistants après un parachutage et en abat sept. Il arrête ensuite trois résistants du voisinage qu'il livre à la milice et qui seront torturés et abattus. À partir de mai 1944, le régiment reçoit des missions de protection des voies ferroviaires et des réseaux de transport d'électricité[3]. »

Jean-François Laplaud s'est engagé au 1er régiment de France, selon ses propres déclarations plus tard devant le tribunal de Limoges, pour éviter son départ aux chantiers de jeunesse, sachant que les recrues, à la fin de leur période, partaient en Allemagne. Mais il craint, début mai 1944, que cette échéance ne soit désormais incontournable pour lui :

---

1. Jean-Louis Laubry, *Retour sur un épisode de la guerre franco-française : la tragédie de Vaussujean (28 mai 1944)*.
2. Le colonel Aublet a été déféré devant la Cour de Justice de Bourges en même temps que le général Berlon et condamné à Bordeaux à dix ans de travaux forcés (v. Liberté, 29 janvier 1947).
3. Idem note 53.

« Je me suis aperçu au bout de quelques mois que des camarades de ma classe qui devaient partir des chantiers ont obtenu des sursis et sont restés chez eux. C'est pour cette raison que j'ai donné ma démission du 1er régiment de France, d'autant plus que ma mère était malade et qu'elle tenait à ce que je reste près d'elle. Je suis revenu à Saint-Yrieix le 2 juin et je suis resté jusqu'au 30. Date à laquelle je suis entré à l'avant-garde de la milice. J'ai pris cette décision pour éviter d'être envoyé en Allemagne. Pour cela, je me suis présenté rue du Général-Cerez à Limoges. On voulait m'enrôler comme franc-garde. J'ai refusé et finalement j'ai été pris comme moniteur de sport à l'avant-garde de la milice. »

Le discours de Jean-François est habile devant la justice. Il passerait presque pour un saint… Mais les faits sont têtus. Le massacre d'Oradour-sur-Glane, qui marque un point culminant dans l'horreur et la barbarie nazie, est commis le 10 juin 1944, par conséquent avant que Jean-François Laplaud ne s'engage officiellement dans l'organisation dont il est en réalité un sympathisant précoce, dès 1943. Il ne peut pas ignorer, on va le voir bientôt, que la milice soutient les nazis et leur a peut-être désigné Oradour[1].

Le retour de l'aventurier Laplaud, en ce mois de juin 1944, n'est pas passé inaperçu du côté de La Meyze et de Saint-Yrieix. À plusieurs reprises, les responsables locaux de la Résistance vont tenter à nouveau de le neutraliser. Mais le jeune homme est dangereux, il fait peur. Certains, désignés pour l'abattre, reculent devant l'obstacle. Le 12 novembre 1945, un de ses anciens camarades, qui était entré dans la Résistance très jeune, a raconté une anecdote savoureuse à son sujet. Le jeune Jean G. le fréquente au collège de Saint-Yrieix et découvre assez vite que son copain Laplaud est sous l'emprise de la milice. Le jeune résistant cherche alors à le piéger « en faisant semblant de penser comme lui ». Il montre à Laplaud son pistolet, alors qu'ils boivent un verre dans un café de Champsiaux. Laplaud sort le sien à ce moment-là et il défie son camarade « d'aller avec

1. « Haute-Vienne, la Guerre Secrète », par François Adeline, *Hors-Série Le Populaire du Centre*, décembre 2006.

lui descendre un FTP » qui devait se trouver dans les environs. Et le jeune résistant d'ajouter devant les gendarmes qui interviennent dans le cadre d'une instruction du parquet de Limoges : « J'eus de la peine à faire accepter mon refus. »

D'ailleurs, Laplaud aurait bien participé au massacre de Saint-Victurnien près de Limoges, commis le 27 juin 1944. Ce jour-là, une centaine d'individus en civil mais armés arrivèrent vers 9 h 30 dans le village, venant de Limoges en convoi automobile. Ils installèrent un certain nombre de barrages. Les habitants crurent avoir affaire à des maquisards.

> Vers 10 h 30 une « fusillade brève mais nourrie éclata sur une camionnette du maquis, sur la route de Limoges, à hauteur du cimetière du village. Très rapidement le convoi se reforma et reprit la direction de Limoges. Aussitôt les habitants domiciliés à proximité du cimetière descendirent vers le bourg et apprirent à la population la nouvelle suivante : autour d'une camionnette gisaient les corps de six maquisards tués au cours de l'engagement ; dans le cimetière le long du mur, cinq cadavres étaient alignés, tous les cinq fusillés. On sut alors qu'ils avaient été victimes de miliciens camouflés en maquisards ».

Selon le chercheur Xavier Laroudie, Jean-François Laplaud aurait été présent avec les miliciens qui ont participé au massacre[1].

Ainsi vont les choses en Limousin, pendant que toi, Rosa, avec ta sœur Fanny, vous essayez de vous adapter à une nouvelle vie en Suisse, sans la possibilité d'avoir la moindre nouvelle de vos parents, et en vous demandant chaque jour ce que le lendemain va vous réserver. Nul ne sait encore comment finira la guerre, même si depuis le débarquement des Alliés en Normandie, un immense espoir se dessine comme une lumière au bout d'un tunnel interminable.

1. Cette information a été communiquée à l'auteur par Xavier Laroudie lors d'un entretien qu'il a eu avec l'auteur à Saint-Priest-Ligoure le 13 septembre 2021.

12
LA CROIX-ROUGE

J'ai retrouvé dans les archives de l'État de Genève et dans celles qui sont conservées à Bâle, au niveau fédéral, votre trace, Rosa, et même vos photos prises à votre arrivée par les services de l'immigration. Voici ce que l'on peut lire sur une notice qui résume « le passage des enfants Szlejen à Genève » :

> « Rose – née le 15 août 1927 – et Fanny – née le 26 mai 1930 – Szlejen sont les filles d'Ignace et de Elta Landstein. De nationalité française et de confession juive, elles sont nées et ont constamment vécu à Limoges. Le père a été déporté « il y a six mois » et la mère au début de l'année 1944. Elles vivent dès lors en pension. Elles sont mises dans un convoi d'enfants organisé par l'Union Générale des Israélites de France (UGIF) de Limoges. Elles ne connaissent pas le nom des accompagnatrices ni du passeur. Elles entrent en Suisse par Fossard (commune de Thônex, canton de Genève) le 30 avril à 19 heures. Après une arrestation au poste, elles sont emmenées au centre d'accueil des Cropettes puis au camp des Charmilles (toutes deux en ville de Genève). Rose et Fanny sont transférées le 5 mai 1944 au camp de Champel (ville de Genève) et le 12 mai 1944 au centre Henri Dunant (ville de Genève). »

Cette notice est précise et nous apprend beaucoup de choses sur votre arrivée et les quelques jours qui suivent. Aucune allusion n'est faite à la tragédie que vous avez vécue, avant de franchir le poste de douane, lorsque les Allemands ont tiré sur les enfants. Ce que les archives révèlent, en revanche, c'est que les services de l'immigration suisses vous ont fait passer une visite médicale qui a montré que vous étiez en bonne santé. Et puis, tu as dû « consigner », Rosa, donc j'imagine laisser en dépôt 340 francs français. Il devait te rester un peu d'argent de la vente à la brasserie *Le Luc*, ce ne devait pas être très important, ce qui te restait en poche. Tu as gardé, Rosa, des souvenirs précis de ces premiers contacts avec les autorités suisses et avec ceux qui s'occupaient de vous. Voici ces notes que j'extrais de tes Mémoires :

> « Ils nous ont emmenées à la territoriale pour nous poser des questions. J'ai menti sur mon âge. J'ai dit que j'avais quatorze ans, car au-dessus de quinze ans ils nous auraient placées dans un camp de quarantaine. On apprenait le yiddish pour converser ensemble. On disait que nos parents étaient déportés mais on ne savait pas qu'ils allaient mourir. On ne se rendait pas compte, on était tous dans la même situation. Je ne faisais rien de mes journées. On fumait, les cigarettes étaient à volonté, les sardines à l'huile étaient à volonté. On dormait sur des paillasses. »

Ensuite, on sait que vous avez été prises en charge notamment par la Croix-Rouge, plus spécialement par le service du Secours aux Enfants. Le 20 juillet 1944, vous voici au centre Alpina de Chésières-Villard, près de Montreux, qui est en fait, à l'origine, un sanatorium privé pour les enfants tuberculeux. Mais, pour la durée de la guerre, la propriétaire, Madame Rapa, avait mis tout l'immeuble à la disposition de la Croix-Rouge pour y accueillir des réfugiés, en particulier des réfugiés juifs.

J'ai retrouvé un témoignage sur le refuge Alpina de Chésières-Villars sur Ollon dans un livre récent écrit par une ancienne pensionnaire de l'établissement, Edith Mayer Cord, elle-même réfugiée juive[1]. J'y apprends que l'arrivée dans cette pittoresque station de ski des Alpes vaudoises était une véritable expédition :

1. Née à Vienne en 1928, Edith Mayer Cord s'installe en Italie avec sa famille pour échapper à la montée du nazisme en Autriche. Elle se réfugie plus tard en France, puis en Suisse où elle séjournera pendant l'été 1944 au refuge Alpina de Chésières-Villard.

> « Nous prîmes le train jusqu'à Montreux, écrit Edith, et de là, le train à crémaillère pour gravir la montagne. Je me souviens de l'effrayant trajet au bord du précipice. Les crêtes des montagnes étaient recouvertes de neige. Quand notre groupe de vingt enfants arriva à Chésières, un petit bus nous amena au sanatorium. »

En 1944, beaucoup d'enfants ont été envoyés par la Croix-Rouge. Ils étaient encadrés sur place avec autorité par des surveillantes et des moniteurs. La discipline était de rigueur, il fallait que les pensionnaires de l'Alpina forment des rangs bien serrés quand ils se déplaçaient en groupe. Visiblement, l'immeuble avait été bien conçu, avec des chambres réparties sur cinq étages, et toutes bien exposées au sud pour bénéficier pleinement de la lumière du jour. Au dernier étage, on pouvait accéder à une salle de jeux avec une table de ping-pong. Devant l'Alpina, Edith mentionne une aire de jeux pour enfants, avec des balançoires et un trébuchet qui l'émerveille.

Côté confort, il existe des douches, mais il n'y a de l'eau chaude qu'une fois par semaine, les vendredis. La toilette est donc spartiate, Rosa, et le soir il ne faut pas veiller trop tard. À 10 heures, c'est l'extinction des feux dans les chambres où vous êtes regroupées à plusieurs. Les nouvelles de l'extérieur arrivent « en temps réel » bien que vous n'ayez pas accès aux journaux et à la radio dans le centre. Vous savez, en ce mois de juillet 1944, que les Alliés ont débarqué et que leur avancée sera longue. On parle de plus de six mois pour que les troupes de Patton atteignent Berlin.

Vous êtes invitées souvent à faire des excursions pour aller cueillir des baies sauvages dans la montagne, pour ramasser du bois (il faut être utile à la collectivité, bien sûr), pour simplement faire des randonnées. Ceux qui ont un peu d'argent ont la possibilité d'aller de temps en temps au cinéma dans le village de Chésières. Il est possible, Rosa, que tu y sois allée, car tu fais référence dans tes Mémoires à un acteur célèbre, je ne crois pas qu'à Limoges tu aies eu souvent l'occasion d'aller voir des films.

Le but de votre séjour à l'Alpina, du point de vue de la Croix-Rouge, est que vous puissiez vous remettre de toutes ces épreuves que vous avez dû subir, de la souffrance physique et psychologique, avant de vous envoyer en maison d'accueil, dans une école, voire un orphelinat. À ce stade de votre séjour en Suisse, le choix n'est pas définitivement fait. Il y a en effet une autre option possible…

* *
*

Je mesure combien il t'a fallu, Rosa, une force de caractère hors norme pour résister justement à l'épreuve de l'exil dans un pays certes en partie francophone mais aussi germanophone… Fanny a sans doute eu également cette force, mais tu étais incontestablement celle qui prenait les décisions et qui était responsable pour ta sœur, comme le périlleux passage de la frontière l'a prouvé le 30 avril 1944…

Dans sa thèse, Ruth Fivaz souligne avec raison combien le passage par la Suisse de toute une jeunesse persécutée, déracinée, dont l'espoir de retrouver un jour une famille, des amis, s'amenuise avec le temps, de manière si angoissante, a pu vous forger une carapace et un esprit de résistance qui forcent l'admiration.

Encore des détails, mais ils sont si importants : dans les papiers que vous font remplir les autorités suisses, on vous demande de laisser l'adresse de personnes avec qui vous seriez susceptibles de correspondre en France. Et je relève que vous avez mentionné votre ami de toujours, celui d'Elta et d'Ignace rencontré jadis à Autun quand il commençait sa carrière, le commissaire Malafosse. En ce printemps 1944, vous pensez encore à lui pour lui faire adresser un message par la Croix-Rouge. Cela fait deux ans que vous ne l'avez pas revu, la dernière fois, c'étaient chez lui, lors de ces fameuses vacances à Perpignan, les dernières que vous aviez passées en famille. Mais je pense que vous n'avez pas cessé de correspondre avec cet ami si fidèle, puisque tu donnes, Rosa, sa nouvelle adresse pour que la Croix-Rouge puisse l'avertir de votre situation familiale actuelle :

M. Malafosse, commissaire central
35, avenue Carnot
Arles (Gard)

Ainsi le commissaire a encore pris du galon, mais il a dû, cette fois, après plusieurs promotions sur place, quitter sa chère ville de Perpignan où vous l'avez connu. J'imagine que par la suite, vous avez encore eu de ses nouvelles, ne serait-ce que par correspondance, mais peut-être aussi que le tourbillon de la vie a fini par briser ces liens si précieux. Il y a une autre personne qui est également mentionnée sur une fiche conservée dans les archives fédérales suisses : en cas de rapatriement, vous avez donné, toutes les deux (sans doute en vous concertant), l'adresse d'une de vos tantes qui vous aurait déjà hébergées. Vous étiez donc réfugiées, fin 1943 ou début 1944, dans la ville où je suis né ! Je connais cette rue étroite, entre la rue des Salines et l'avenue de Périgueux, où se trouvait mon lycée :

Fischmann
15, rue Darcy
Saint-Yrieix-la-Perche
France

J'ai retrouvé le nom et le prénom de ta tante, Rosa, sur une liste nominative de Juifs recensés sur la commune de Saint-Yrieix-la-Perche (1941-1944)[1], en application des directives du gouvernement de Vichy. L'adresse qui figure sur cette liste est légèrement différente (n° 18, rue Darcy), mais j'ai pu relever son nom FISCHMANN, née LANDOZTAJN, Marie, née à Varsovie le 19-02-1902. Je fais le rapprochement entre LANDOZTAJN et LANDSTEIN, qui est le même patronyme simplifié. À la même adresse, son mari Valentin FISCHMANN, né le 13-10-1899 à Germeny, Pologne, est mentionné sur cette liste. La maison où vivait le couple existe toujours, à l'angle de la rue Darcy et de la rue Coudamy. La famille FISCHMANN / FISZMANN se composait de trois

1. Archives municipales de Saint-Yrieix-la-Perche, 4H40.

personnes (Wolf dit Valentin, Marie et Robert) et n'a pas été déportée. Avant de résider à Saint-Yrieix, les Fischmann habitaient à Limoges – 6, rue du Mûrier – rue très proche de la rue Monte-à-Regret. C'est d'ailleurs à cette dernière adresse que l'on peut relever le lieu de naissance de Fanny[1].

Je présume que vous aviez été placées chez les Fischmann par Elta, après l'arrestation d'Ignace, au moment où il vous fallait vous cacher et ainsi échapper à la Gestapo ou à la milice.

1. *Le Populaire du Centre*, 1er juin 1930.

13
HÔTEL *WALDECK*

Quelques semaines après votre arrivée en Suisse, et après avoir transité dans différents foyers d'accueil à Genève, vous avez été séparées, Fanny et toi. La décision a été notifiée par la Croix-Rouge dès le mois de juillet concernant le placement en famille de ta sœur, chez le couple Dietrich à Leissigen (commune du canton de Berne, au bord du lac de Thoune) mais il a dû se réaliser en même temps que ton départ le 5 septembre 1944 pour Langenbruck, où tu es affectée définitivement. Effectivement, vous ne vous verrez plus pendant tout votre séjour, ce qui ajoute encore à l'isolement dont vous souffrez forcément depuis votre arrivée en terre helvétique[1].

Toi, Rosa, tu arrives donc dans une commune suisse proche de la frontière allemande, en pays germanophone, au début du mois de septembre 1944. Ton nom figure sur une liste de trente-cinq filles admises pour recevoir au *Waldeck* une formation professionnelle. La décision te concernant a été notifiée par la direction du foyer à la Croix-Rouge, à Berne, le 28 août 1944.

1. Fiche de la Croix-Rouge, Berne, Archives fédérales suisses, dossier Szlejen Rosa et Fanny.

Tu découvres donc, aux premiers jours du mois de septembre, un village très rural, extrêmement isolé, qui a pour nom Langenbruck. Cette petite commune du canton de Bale sur l'Oberhauenstein et sur la grande route de Ballstall, de Soleure et de Berne, compte aujourd'hui environ un millier d'habitants. Géologiquement, c'est ici que les Alpes et le Jura se rejoignent. C'est une vallée riante en été, glaciale en hiver, avec une altitude d'environ 800 mètres au-dessus du niveau de la mer. Non loin du village, on découvre dans une profonde solitude un vallon magnifique, entouré de toutes parts de montagnes verdoyantes, qui se confondent avec le reste de la vallée. Un vieux bâtiment que l'on aperçoit tout au fond était autrefois un couvent de religieuses fondé en 1130 par un comte de Fribourg.

Toi, Rosa, tu es directement affectée à l'hôtel *Waldeck*, un établissement de Langenbruck qui est géré pendant toute la durée de la guerre par le Schweizer Hilfswerk für Emigrantkinder (SHEK) dont le comité central est basé à Zurich. En 1940, le SHEK a adhéré au Cartel suisse de secours aux enfants victimes de la guerre. Son action s'amplifie dès 1942 avec l'arrivée massive des réfugiés. Trois camps d'accueil sont alors ouverts, dont celui de Langenbruck.

J'ai consulté un important fonds documentaire[1] conservé par les archives fédérales suisses sur ce foyer qui avait été fondé dès 1939 pour accueillir des enfants déjà venus trouver un asile en territoire helvétique. Le *Waldeck* est une maison très spacieuse mais dépourvue de confort, chauffée tant bien que mal par des appareils vétustes qui fonctionnent à la tourbe, à la sciure de bois, ou encore au pétrole. Cet ancien hôtel est implanté sur un terrain de deux à trois hectares, dont une partie est boisée. Au départ, le foyer, qu'on appelle aussi un « home » était mixte, les garçons étant souvent placés durant la journée chez des paysans, des menuisiers, des bouchers… Les filles restaient « à la maison ». Le ménage, la cuisine et le raccommodage étaient leurs activités.

1. Archives fédérales suisses, J2.55#1970/95#180*, 03.1, Mädchenheim Waldeck in Langenbruck, 1944-1946.

À l'automne 1944, le foyer devient un pensionnat de jeunes filles géré par l'ORT[1]. Cet organisme affiche sa mission : il s'agit de former ces jeunes Israélites au travail manuel. Tu as expliqué tout ceci, Rosa :

> « On a été dans une école de l'ORT. On apprenait de la corsetterie juste avant la Libération, je fabriquais des soutiens-gorge dans un hôtel réquisitionné où on mettait des jeunes filles réquisitionnées. Fanny était dans une famille et soi-disant elle faisait la bonne. Je ne la voyais jamais. »

De nombreux échanges de courrier ont lieu tout au long de l'année 1944 entre l'ORT, la Croix-Rouge, et le Cartel suisse de secours aux enfants victimes de la guerre, organisme qui regroupe vingt et une associations caritatives suisses. Et on voit bien, en lisant ces correspondances, qu'il y a souvent des tensions et des désaccords entre les organismes. Ainsi la Croix-Rouge reproche à l'ORT d'interférer dans ses décisions, quand il s'agit de recruter les enseignants. « On ne veut pas seulement faire de la formation professionnelle mais donner une véritable éducation à ces jeunes filles », écrit le représentant de l'organisation juive le 3 août 1944. Une jeune pensionnaire du *Waldeck*, qui signe « Petite Léonie » raconte ainsi sa journée type :

> « Nous commençons l'atelier à 8 h 30. Les élèves sont partagées en deux cours. Les corsetières sont les plus âgées, et les couturières les plus jeunes. Ces dernières ont Madame Lessic comme professeur. Toutes les matinées sont occupées par la couture. L'après-midi, Madame List nous parle d'anatomie ou morphologie, d'histoire du costume et de technologie. Elle est une admiratrice fervente de la soie artificielle, et elle essaie de nous influencer. Nous avons aussi des cours de comptabilité, de français, d'algèbre, de dessin. Vous voyez, notre programme est assez bien rempli, et l'on veut faire de nous des femmes savantes. Somme toute, les pensionnats de jeunes filles ne sont pas terribles. »

1. Durant la Seconde Guerre mondiale, l'Organisation reconstruction travail, en abrégé ORT, s'occupe du reclassement des réfugiés juifs victimes du nazisme, en offrant des cours, créant des écoles professionnelles ou des centres de formation pour adultes. Historiquement, l'ORT est liée à l'Œuvre de secours aux enfants (OSE), ainsi qu'à l'organisation d'entraide américaine.

Pour se distraire un peu, pendant les moments réservés aux travaux pratiques, il y a une radio. Mais celle-ci tombe en panne… Pendant un moment « plus de swing, plus de danses entre les cours, presque plus de bruit », écrit une autre élève. La réparation de la radio coûte plus cher que prévu, alors les filles proposent de se passer de beurre au petit-déjeuner pendant un certain temps, pour économiser l'argent nécessaire !

Le problème c'est que plusieurs élèves finissent par tomber malades. Dénutrition ? Pas seulement. J'ai retrouvé quelques menus de l'époque, et il faut bien dire que la nourriture était surtout abondante en légumes, choux, pommes de terre que l'on vous servait quotidiennement. Pas ou peu de viande. Il y a aussi les températures très basses qui affectent la région dès le mois d'octobre. Les angines, trachéites et bronchites sont fréquentes. La Croix-Rouge s'en émeut dans une lettre, et « conseille » à la directrice de chauffer l'école dès le 27 octobre. Ici, au cœur des Alpes, il n'y a pas d'été indien ! Mais l'organisme qui détient les fonds pour le fonctionnement du foyer estime qu'on ne peut plus augmenter l'allocation carburant pour chauffer le pensionnat. On envisage alors de placer les lits dans la salle de travail pendant les grands froids…

Tout ceci, Rosa, tu l'as forcément vécu. Cela faisait partie de ton quotidien. Vous étiez trente-cinq jeunes filles logées à la même enseigne au *Waldeck*. Une visite de contrôle effectuée quelques mois plus tard par un délégué de l'ORT va révéler de « graves problèmes ». Le chauffage est médiocre, les chambres ne sont pas chaudes avant 11 heures du matin, l'eau gèle, l'hygiène laisse à désirer, la cuisine est dans un état précaire et la façon dont la maison est construite, avec ses nombreuses sorties, ses coins, et ses petits escaliers, rend la discipline et le respect du règlement intérieur très difficiles à gérer :

> « Il est donc toujours possible pour les filles de sortir de la maison de manière incontrôlée, parfois avec la permission, parfois sans, pour aller danser avec les marins qui sont hébergés à Langenbruck. Bien que les besoins des jeunes filles d'être pour une fois en compagnie de messieurs soit compréhensible, cela cause des difficultés,

> surtout avec les jeunes du village qui expriment parfois leur mécontentement », conclut le délégué de l'ORT.

Un problème, considéré comme particulièrement grave par les autorités de tutelle du foyer, est la mauvaise relation entre les villageois et le pensionnat. Beaucoup de voisins sont hostiles et s'inquiètent que la paix du village soit ainsi troublée.

Enfin, il faut savoir que la direction du *Waldeck* se plaint de plus en plus de la présence d'une nombreuse soldatesque censée garder les pensionnaires. Une employée du foyer écrit en ces termes le 20 juin 1944 à l'organisme de secours pour les enfants émigrés situés à Bâle :

> « Lorsque j'étais au *Waldeck* hier, j'ai rencontré un grand nombre de soldats. Comme nos élèves sont des jeunes filles, la question me préoccupe beaucoup. Il n'y a jamais eu auparavant un tel débordement militaire dans le *Waldeck*. Lorsque notre responsable de maison s'est permis une remarque, elle a été surnommée à deux reprises "truie juive". Nous vous demandons instamment d'éviter que le *Waldeck* soit militarisé à l'avenir. »

Mais les militaires resteront en place, malgré un comportement aussi injurieux et antisémite de certains d'entre eux qui ne paraissent pas avoir été sanctionnés, hélas.

> Dans cette ambiance qui est loin d'être totalement sereine, votre groupe est pourtant très apprécié par un des organismes qui vous supervisent. Un délégué du SHEK notera au terme d'une de ses visites qu'il a été « frappé par le ton libre de la maison [*Waldeck*]. L'espace de ce bâtiment, poursuit-il, vraiment peu accueillant et peu propice au fonctionnement rationnel d'un foyer rendrait le fonctionnement de celui-ci très difficile si les filles manquaient de décence et étaient ingérables ».

Le 19 janvier 1945, un autre rapport dresse l'inventaire de votre activité. Vous avez confectionné au total 130 pièces qui ne sont pas mises en vente mais expédiées au siège de la Croix-Rouge à Berne, pour être distribuées gratuitement. Il est convenu de vous donner un peu d'argent de poche, mais il faut savoir que ce travail que vous effectuez a été rendu obligatoire par la loi pour toutes les élèves à partir de l'âge de seize ans. C'est pour cette raison que ta sœur Fanny a été placée dans une famille en tant que réfugiée considérée à juste titre comme mineure.

* *
*

Et maintenant que vous êtes en Suisse, Rosa, une question se pose pour les autorités du pays qui vous accueille, en particulier pour les organismes humanitaires qui vous prennent en charge. Étant donné que vous êtes de confession juive, ne serait-il pas judicieux que vous partiez en Palestine ?

De toute évidence, l'ORT s'emploie à convaincre les élèves du *Waldeck* d'opter pour cette solution. Jusqu'au début de l'année 1945, la Croix-Rouge est parvenue à maintenir son cap. Pour cette association, le foyer doit être géré de manière « non rituelle ». Mais l'ORT multiplie les initiatives pour qu'il en soit autrement. Déjà en mai 1944, l'organisme juif fixe ses intentions, alors que la sélection des élèves qui seront admises à la formation se met en place :

> « Il serait souhaitable de n'exclure aucune fille de l'apprentissage avant qu'elle n'ait été testée par nous. Dans l'examen, aucune distinction n'est faite entre celles qui veulent aller en Palestine et les autres. La formation professionnelle est un devoir général et la disponibilité d'une main-d'œuvre qualifiée est le principe suprême également pour la construction sioniste de la Palestine », précise le délégué de l'ORT.

Le 9 janvier 1945, la directrice du *Waldeck* précise dans une correspondance au SHEK que

> « M. Grünhut, qui est responsable de la migration des jeunes vers la Palestine, a rendu visite au foyer. Junker Ruth, Wolf Bertha et Droysies Ruth ont accepté de se rendre à Montreux en vue d'une migration ». Ce qui prouve que le départ de certaines filles du pensionnat pour la Palestine était devenu une réalité.

Mais c'est une solution dont tu ne veux pas, Rosa, et encore une fois, c'est toi qui résistes à cette invitation pressante, tu ne vois pas d'un bon œil un tel choix, et en même temps tu n'as aucune idée de votre avenir :

> « Ma sœur avait un copain, Jacques Allégua, qui est parti en Palestine par un groupe de Juifs. Quand on était en Suisse, on nous a presque obligés à partir en Palestine. Mes parents n'ayant jamais été sionistes, je n'avais jamais entendu parler d'un départ pour nous pour la Palestine. Ils étaient beaucoup trop fiers d'être français. Quand la guerre était terminée officiellement, je n'ai aucun souvenir de me dire qu'on allait rentrer en France[1]. »

De fait, les archives fédérales suisses détiennent plusieurs documents qui confirment que l'option de quitter la Suisse pour la Palestine n'était pas une simple utopie. Mais il ne semble pas qu'au *Waldeck*, ce soit devenu une obligation. Il faut cependant noter, qu'à ton départ, Rosa, une « République libre de la Waldeck » a fini par voir le jour. En apparence, il s'agit d'une initiative de certaines élèves qui ont à cette époque consignée dans un journal distribué dans le pensionnat les circonstances de cette initiative :

> « Le 10 janvier 1945, par la volonté des habitants de la Waldeck réunis à l'Oneg-Sabbat autour des bougies traditionnelles, est instaurée la République libre de la Waldeck. »

Initiative qui traduit, chez certaines pensionnaires du foyer, une motivation profonde de rejoindre la Palestine, et par-dessus tout d'affirmer avec force leur identité bafouée par les nazis.

1. Mémoires de Rosa Szlejen, enregistrés le 25 avril 2011 à Rilhac-Lastours.

14

SIGMARINGEN

Le hasard est curieux, Rosa. Environ quatre heures de train séparent Langenbruck, Suisse, de Sigmaringen, Allemagne, au nord du lac de Constance. Cent soixante kilomètres par la route. Alors que tu as commencé à travailler à l'hôtel *Waldeck*, Jean-François Laplaud séjourne, non loin de là donc, depuis la fin du mois d'août 1944 dans cette ville du Bade-Wurtemberg, située sur le Danube. Depuis qu'il est rentré officiellement dans la milice, à la fin du mois de juin, l'aventurier de Champsiaux a parcouru du chemin, géographiquement et idéologiquement.

Revenons aux événements qui ont eu lieu quelques jours plus tôt à Limoges. Ta ville natale, Rosa, a finalement été libérée le 21 août 1944. De son PC de Lajaumont, près de Linards (Haute-Vienne), le colonel Guingouin, véritable « préfet » du maquis limousin, a donné l'ordre à environ 15 000 hommes d'encercler la cité limougeaude. Les Allemands ne disposent que de 1 500 soldats, dont deux compagnies de lance-flammes et un bataillon de SS fanatiques, capables du pire. De la place Denis-Dussoubs à la place Wilson, des casemates ont été implantées par l'occupant dans le centre-ville. Des bunkers en béton ont donc surgi au milieu des places et les axes de circulation ont été coupés avec du barbelé et des chevaux de frise. Mais Guingouin donne la consigne de ne pas envahir la ville pour éviter un carnage qui serait terrible. Le chef de la Résistance est en position de force : il a obtenu le ralliement de 3 000 gardes mobiles et GMR, et un barrage antichar a été mis en place par les FFI à proximité de Limoges.

Dans le même temps, les Alliés s'apprêtent à bombarder plusieurs casernes de Limoges ainsi que d'autres points stratégiques tenus par les Allemands. Mais une négociation secrète entre Guingouin et le général Gleiniger, qui commande les troupes allemandes à Limoges, finit par aboutir, grâce à la médiation de Jean d'Albis, agent consulaire suisse à Limoges. Le 21 août à 20 h 30, Limoges est libérée sans combats.

Un peu avant, sentant que la fin était proche, les miliciens ont quitté Limoges sous les ordres de Jean de Vaugelas, le patron « local » de l'organisation. Voici un article du *Populaire du Centre* qui résume bien l'ambiance :

> « Le 12 août, l'évacuation de Limoges se prépare. Des unités armées sont envoyées pour tenter de dégager des axes barrés par les maquisards. Mais leur blocus est quasiment étanche. Le 15 août, Tulle et Brive sont libérées et les Alliés débarquent en Provence. Dans l'après-midi, les miliciens, auxiliaires français, notables compromis et leurs familles, truands et prostituées menacés convergent vers la place Marceau. Près de cent camions et voitures, et l'essence de toutes les stations de la ville, ont été réquisitionnés. Le véhicule de tête a été blindé et équipé d'une mitrailleuse. Ils passent la nuit à préparer et charger le convoi. Le matin vers 11 heures, la colonne motorisée prend la route de l'est, par Guéret via Saint-Léonard. Jean de Vaugelas, haut responsable de la milice, est revenu à Limoges en avion pour mener l'expédition. Les Allemands doivent les aider à dégager la route des barrages des maquis. Malgré une quarantaine de blessés, la colonne de quelque 800 fuyards gagne l'est dans le flot du repli allemand. Dans leurs bagages, plusieurs millions de francs prélevés au passage et destinés à financer la folle cavale[1]. »

Jean-François Laplaud fait partie de cette expédition improbable. L'aventurier de Champsiaux raconte lui-même son périple :

1. Édition du *Populaire du Centre* du 20/08/2018.

La diaspora Szlejen-Landstein
Crédits : Collection Myriam Coriat.

À GAUCHE *Elta après sa déportation.* AU CENTRE *Ignace.*
À DROITE *Le couple Szlejen (Ignace et Elta) avec des parents et leurs filles Fanny (à gauche) et Rosa (à droite) avant 1939. L'étoile jaune a été portée à Paris en 1942 par un membre de la famille de Myriam Coriat, nièce de Rosa.*

Ignace Szlejen (tout à gauche) et son épouse Elta (tout à droite) sont au rang inférieur. Avant 1939.

Rosa, enfant, est présente sur ces deux photos familiales prises avant-guerre. En particulier sur la photo ci-dessus où elle est au centre parmi les adultes, tous membres de la diaspora familiale Szlejen et Landstein venue de Varsovie en Pologne et exilée à Limoges à partir des années 1920.

L'enfance

Crédits : Collection Myriam Coriat.

Aron Landstein, grand-père maternel de Rosa et Fanny, est considéré dans la famille comme l'ancêtre fondateur de la diaspora. Il vivait à Varsovie, rue Twarda, le plus important ghetto juif au sein des territoires occupés par les nazis. Rosa l'avait rencontré lors de son voyage effectué juste avant la guerre et raconte cet épisode dans ses mémoires.

Elta Szlejen et ses deux filles (Rosa est à droite).

Rosa (à gauche) et sa sœur Fanny dans les années 1930.

Elta Szlejen tenant l'une de ses filles dans ses bras.

Un SS français à Berlin, printemps 1945. Crédit: Bundesarchiv-CC BY-SA 3 de.

Front de l'Est, grenadiers sous uniforme allemand, équipés d'armes antichars (Panzerfaust). Début 1945. Jean-François Laplaud a été formé sur ce type d'armement pour combattre au sein de la Division Charlemagne à partir de la fin 1944. Crédit: Bild 146-1995-081-15A (Bundesarchiv).

Char russe à Berlin, mai 1945. La capitale du Reich est alors presque totalement en ruines. Crédit: Bundesarchiv, Bild 183-R8074/fotograf (in): o. Ang.

Volkssturm allemand marchant avec Panzerfausts à Berlin en 1944. Crédit: Bundesarchiv, Bild 183-J31398.

Femmes partant pour un camp de travail dépendant d'Auschwitz, Pologne, 1942. Elta Landstein, mère de Rosa, fut elle-même internée à Birkenau dans les mêmes conditions. Ullstein-Bilderdienst, Mémorial de la Shoah.

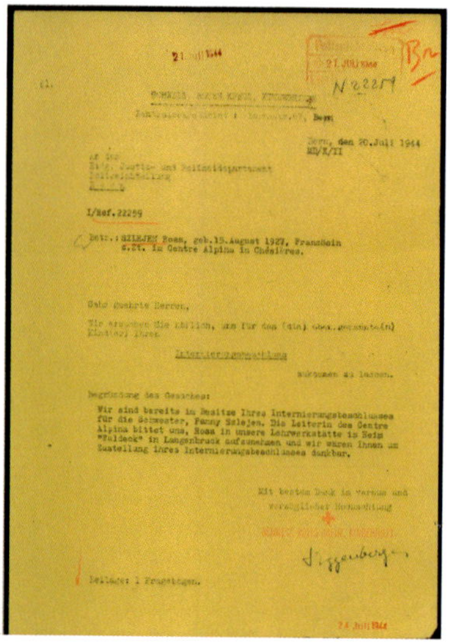

21. Juli 1944

27. JULI 1944

N 22259

Bern, den 20. Juli 1944

I/Ref. 22259

Betr.: SZLEJEN Rosa, geb. 15. August 1927, Französin z.Zt. in Centre Alpina in Chésières.

Wir sind bereits im Besitze Ihres Internierungsbeschlusses für die Schwester, Fanny Szlejen. Die Leiterin des Centre Alpina bittet uns, Rosa in unsere Lehrwerkstätte im Heim "Waldeck" in Langenbruck aufzunehmen und wir wären Ihnen um Zustellung ihres Internierungsbeschlusses dankbar.

Fiche de police établissant la présence de Rosa Szlejen à l'hôtel Alpina à Chésières (Suisse) le 20 juillet 1944. Crédits : Archives fédérales suisses AFS, Berne.

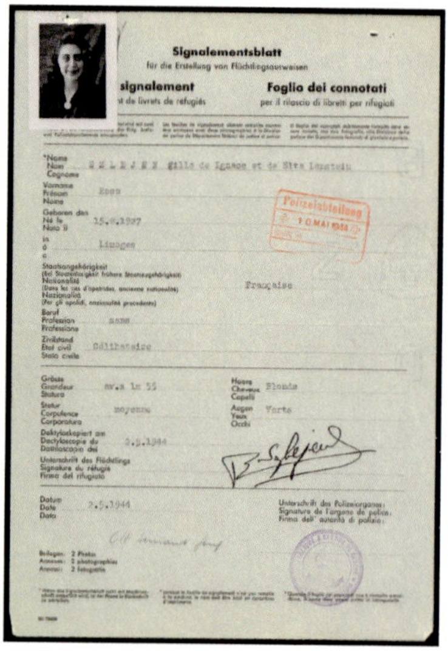

Signalementsblatt
für die Erstellung von Flüchtlingsausweisen

signalement
de livrets de réfugiés

Foglio dei connotati
per il rilascio di libretti per rifugiati

Name / Nom / Cognome: SZLEJEN fille de Ignace et de Elta Landstein

Vorname / Prénom / Nome: Rosa

Geboren den / Né le / Nato il: 15.8.1927

in / à / a: Limoges

Staatsangehörigkeit / Nationalité / Nazionalità: Française

Beruf / Profession / Professione: sans

Zivilstand / État civil / Stato civile: Célibataire

Grösse / Grandeur / Statura: env. 1 m 55

Haare / Cheveux / Capelli: Blonds

Statur / Corpulence / Corporatura: moyenne

Augen / Yeux / Occhi: Verts

Daktyloskopiert am / Dactyloscopie du / Dattiloscopia del: 2.5.1944

Unterschrift des Flüchtlings / Signature du réfugié / Firma del rifugiato

Polizeiabteilung 10 MAI 1944

Datum / Date / Data: 2.5.1944

Unterschrift des Polizeiorganes: / Signature de l'organe de police: / Firma dell' autorità di polizia:

Beilagen: 2 Photos / Annexes: 2 photographies / Annessi: 2 fotografie

Fiche de police établie au nom de Rosa Szlejen le 10 mai 1944, lors de son arrivée en Suisse. Crédits : Archives fédérales suisses AFS, Berne.

L'exil en Suisse de Rosa et Fanny,

Crédits : Archives fédérales suisses AFS, Berne.

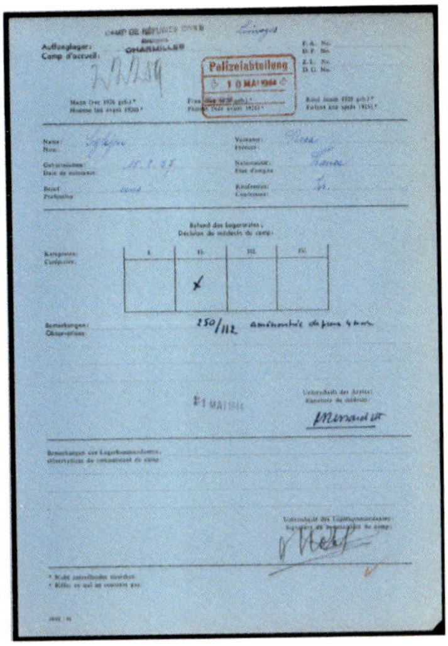

Polizeiabteilung
10 MAI 1944

Fiche de la police suisse établie le 1er mai 1944 au nom de Rosa Szlejen. Elle correspond à l'arrivée clandestine des deux sœurs (Rosa et Fanny) au camp de réfugiés des Charmilles près de Genève.

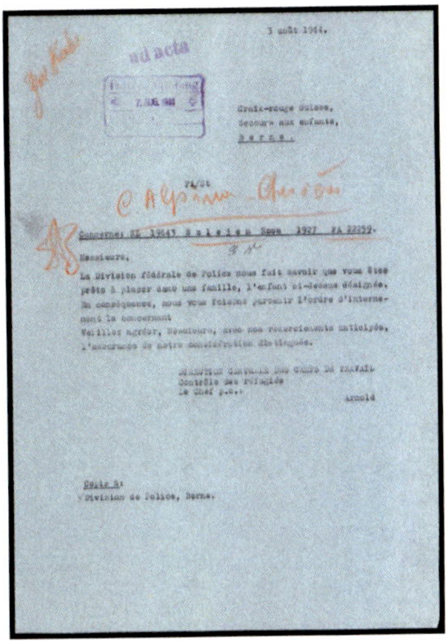

3 août 1944.

ad acta

Croix-rouge Suisse,
Secours aux enfants,
Berne.

Concerne: Szlejen Rosa 1927 PA 22259.

Messieurs,

La Division fédérale de Police nous fait savoir que vous êtes prêts à placer dans une famille, l'enfant ci-dessus désignée. En conséquence, nous vous faisons parvenir l'ordre d'internement la concernant

Veuillez agréer, Messieurs, avec nos remerciements anticipés, l'assurance de notre considération distinguée.

Direction centrale des camps de travail
Contrôle des réfugiés
Le Chef p.o.:
Arnold

Copie à:
Division de Police, Berne.

Lettre adressée à la Croix-Rouge le 3 août 1944 par la direction centrale des camps de travail en Suisse. Ce courrier, qui recommande de placer Rosa dans une famille, ne sera pas suivi d'effet, puisque Rosa sera finalement affectée dans un camp de réfugiés réservé aux jeunes juives entrées clandestinement dans le pays.

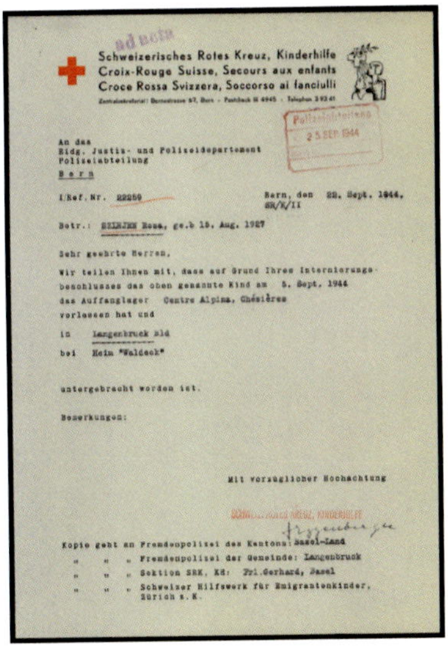

ad acta

Schweizerisches Rotes Kreuz, Kinderhilfe
Croix-Rouge Suisse, Secours aux enfants
Croce Rossa Svizzera, Soccorso ai fanciulli

Polizeiabteilung 25. SEP. 1944

An das
Eidg. Justiz- und Polizeidepartement
Polizeiabteilung
Bern

I/Ref. Nr. 22259

Bern, den 22. Sept. 1944.
SR/K/II

Betr.: SZLEJEN Rosa, geb. 15. Aug. 1927

Sehr geehrte Herren,

Wir teilen Ihnen mit, dass auf Grund Ihres Internierungsbeschlusses das oben genannte Kind am 5. Sept. 1944 das Auffanglager Centre Alpina, Chésières verlassen hat und

in Langenbruck Bld

bei Heim "Waldeck"

untergebracht worden ist.

Bemerkungen:

Mit vorzüglicher Hochachtung

Kopie geht an Fremdenpolizei des Kantons: Basel-Land
" " " Fremdenpolizei der Gemeinde: Langenbruck
" " " Sektion SRK, Kd: Frl. Gerhard, Basel
" " " Schweizer Hilfswerk für Emigrantenkinder, Zürich s. K.

Lettre adressée par la Croix-Rouge suisse à la police le 22 septembre 1944 pour mentionner le transfert de Rosa à Langenbrück (camp de réfugiés situé dans l'hôtel Waldeck alors réquisitionné, non loin de Zürich en Suisse germanophone).

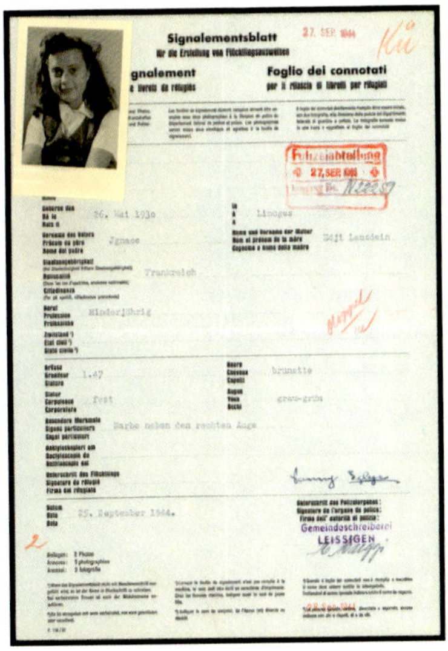

Signalementsblatt
Signalement
Foglio dei connotati

Polizeiabteilung 27. SEP. 1944

26. Mai 1930 — Limoges
Jgnace
Frankreich
Minderjährig
1.47 — brunette
fest — grau-grün
Narbe neben den rechten Auge
25. September 1944.
Gemeindeschreiberei Leissigen

Fiche de signalement établie par la police suisse le 25 septembre 1944 décrivant l'affectation de Fanny dans une famille de Leissingen en Suisse germanophone. Ce document confirme la séparation des deux sœurs à partir de septembre 1944.

Après la guerre

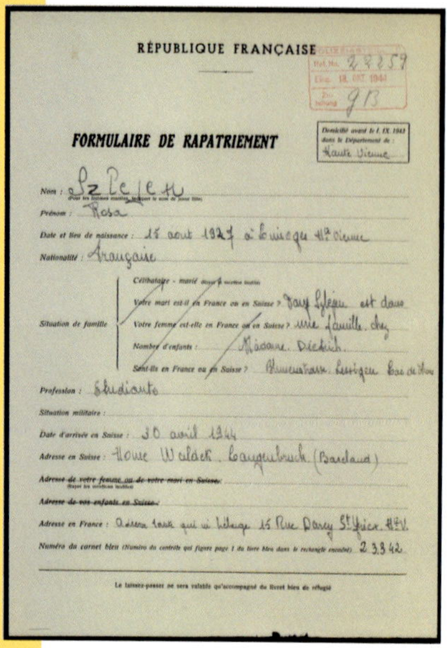
RÉPUBLIQUE FRANÇAISE

Ref. No. 22259
Eing. 18 OKT 1944
Zuteilung 913

FORMULAIRE DE RAPATRIEMENT

Domicilié avant le 1. IX. 1943 dans le Département de : Haute Vienne

Nom : Szlejen
Prénom : Rosa
Date et lieu de naissance : 15 août 1927 à Limoges Hte Vienne
Nationalité : Française
Situation de famille : Célibataire - marié
Votre mari est-il en France ou en Suisse ?
Votre femme est-elle en France ou en Suisse ?
Nombre d'enfants :
Sont-ils en France ou en Suisse ?
Profession : Etudiante
Situation militaire :
Date d'arrivée en Suisse : 30 avril 1944
Adresse en Suisse : Home Waldeck, Langenbruck (Baselland)
Adresse de votre femme ou de votre mari en Suisse
Adresse de vos enfants en Suisse
Adresse en France :
Numéro du carnet bleu : 23342

Le laissez-passer ne sera valable qu'accompagné du livret bleu de réfugié

Formulaire de rapatriement de Rosa établi par la police suisse le 24 janvier 1945. À cette date, Rosa et Fanny regagnent la France alors que la guerre n'est pas encore terminée. Crédit : *Archives fédérales suisses AFS, Berne.*

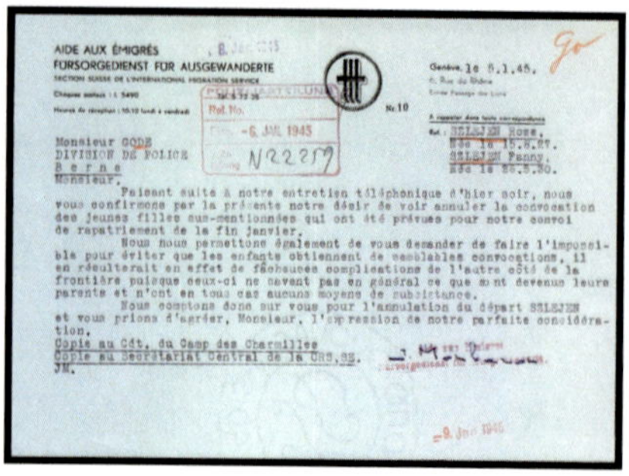
AIDE AUX ÉMIGRÉS
FÜRSORGEDIENST FÜR AUSGEWANDERTE

Genève, le 5.1.45.

Nr. 10

Ref. : SZLEJEN Rosa, née le 15.8.27.
SZLEJEN Fanny, née le 26.5.30.

-6. JAN. 1945
N 22259

Monsieur GODE
DIVISION DE POLICE
Berne

Monsieur,

Faisant suite à notre entretien téléphonique d'hier soir, nous vous confirmons par la présente notre désir de voir annuler la convocation des jeunes filles sus-mentionnées qui ont été prévues pour notre convoi de rapatriement de la fin janvier.

Nous nous permettons également de vous demander de faire l'impossible pour éviter que les enfants obtiennent de semblables convocations, il en résulterait en effet de fâcheuses complications de l'autre côté de la frontière puisque ceux-ci ne savent pas en général ce que sont devenus leurs parents et n'ont en tous cas aucuns moyens de subsistance.

Nous comptons donc sur vous pour l'annulation du départ SZLEJEN et vous prions d'agréer, Monsieur, l'expression de notre parfaite considération.

Copie au Cdt. du Camp des Charmilles
Copie au Secrétariat Central de la CRS, SS.
JM.

-9. Jan. 1945

Deux documents qui montrent la complexité du rapatriement de Rosa et Fanny en 1945. Le 9 janvier, l'organisme international d'aide aux émigrés adresse une lettre à la police pour déconseiller le retour des deux sœurs en France !
Crédit : Archives fédérales suisses AFS, Berne.

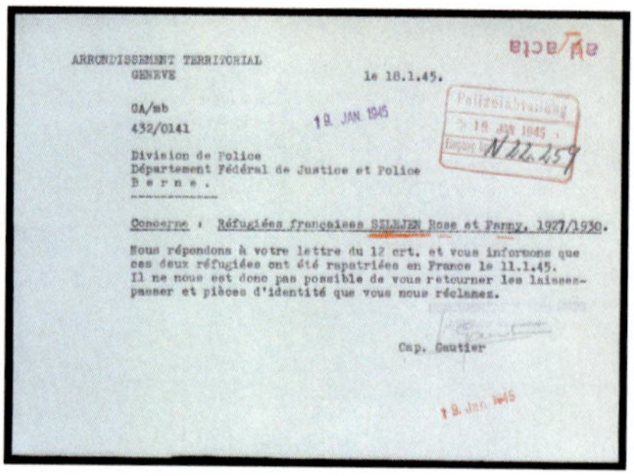
ad/acta

ARRONDISSEMENT TERRITORIAL
GENEVE

le 18.1.45.

GA/mb
432/0141

19. JAN. 1945

Polizeiabteilung
19. JAN. 1945
N 22259

Division de Police
Département Fédéral de Justice et Police
Berne.

Concerne : Réfugiées françaises SZLEJEN Rose et Fanny, 1927/1930.

Nous répondons à votre lettre du 12 crt. et vous informons que ces deux réfugiées ont été rapatriées en France le 11.1.45.
Il ne nous est donc pas possible de vous retourner les laissez-passer et pièces d'identité que vous nous réclamez.

Cap. Gautier

19. Jan. 1945

La réponse de la police à l'organisme aux émigrés intervient le 18 janvier 1945. À cette date, le départ de Rosa et Fanny pour la France a déjà eu lieu. La police déclare à l'organisme humanitaire qu'elle ne peut plus rien faire !
Crédit : Archives fédérales suisses AFS, Berne.

Extrait du dossier de résistant de Lily Majour, une jeune femme arrêtée par la Milice le 25 mai 1944, et emprisonnée à Limoges. Lors de l'instruction du procès de Jean-François Laplaud devant la Cour de Justice de Limoges, en janvier 1946, « Lily » demandera pourtant assez curieusement de témoigner en sa faveur.
Crédit : Service historique de la défense, Vincennes.

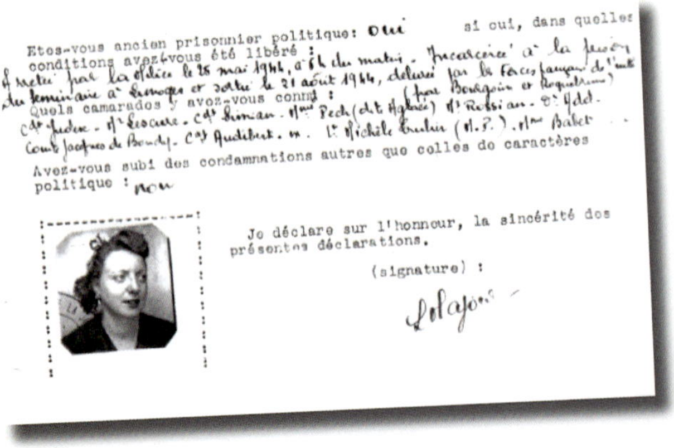
Etes-vous ancien prisonnier politique : Oui
si oui, dans quelles conditions avez-vous été libéré : Arrêtée par la Milice le 25 mai 1944, à 6 h du matin. Incarcérée à la prison du Séminaire à Limoges et sortie le 21 août 1944, délivrée par les Forces françaises de l'intérieur
Quels camarades y avez-vous connu :
Avez-vous subi des condamnations autres que celles de caractères politique : non

Je déclare sur l'honneur, la sincérité des présentes déclarations.

(signature) :

Crédits photos : Archives départementales de la Haute-Vienne.

Photo d'identité judiciaire de Jean-François Laplaud, extraite de l'instruction de son procès devant la Cour de Justice de Limoges en janvier 1946.

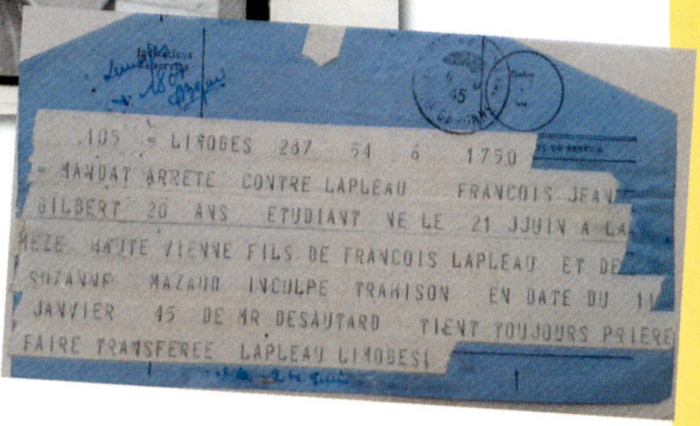

105 = LIMOGES 287 54 6 1750
= MANDAT ARRETE CONTRE LAPLEAU FRANCOIS JEAN
GILBERT 20 ANS ETUDIANT NE LE 21 JUIN A LA
MEZE HAUTE VIENNE FILS DE FRANCOIS LAPLEAU ET DE
SUZANNE MAZAUD INCULPE TRAHISON EN DATE DU 11
JANVIER 45 DE MR DESAUTARD TIENT TOUJOURS PRIERE
FAIRE TRANSFEREE LAPLEAU LIMOGES

Mandat d'arrêt lancé contre Jean-François Laplaud, inculpé de trahison, le 11 janvier 1945.

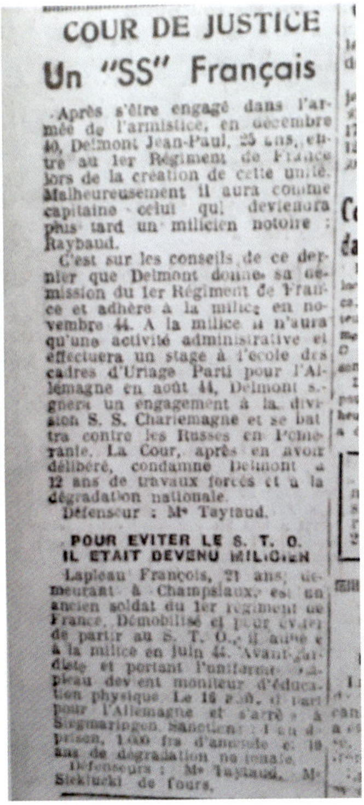

COUR DE JUSTICE

Un "SS" Français

Après s'être engagé dans l'armée de l'armistice, en décembre 40, Delmont Jean-Paul, 25 ans, entre au 1er Régiment de France lors de la création de cette unité. Malheureusement il aura comme capitaine celui qui deviendra plus tard un milicien notoire : Raybaud.

C'est sur les conseils de ce dernier que Delmont donne sa démission du 1er Régiment de France et adhère à la milice en novembre 44. A la milice il n'aura qu'une activité administrative et effectuera un stage à l'école des cadres d'Uriage. Parti pour l'Allemagne en août 44, Delmont signera un engagement à la division S. S. Charlemagne et se battra contre les Russes en Poméranie. La Cour, après en avoir délibéré, condamne Delmont à 12 ans de travaux forcés et à la dégradation nationale.

Défenseur : Me Taytaud.

POUR EVITER LE S. T. O. IL ETAIT DEVENU MILICIEN

Lapleau François, 21 ans, demeurant à Champsiaux, est un ancien soldat du 1er régiment de France. Démobilisé et pour éviter de partir au S. T. O., il adhère à la milice en juin 44. Avant-gardiste et portant l'uniforme, Lapleau devient moniteur d'éducation physique. Le 16 août, il part pour l'Allemagne et s'arrête à Sigmaringen. Sanction : 1 an de prison, 1.000 frs d'amende et 10 ans de dégradation nationale.

Défenseurs : Me Taytaud, Me Sieklucki de Tours.

Article du 25 janvier 1946 paru dans La Liberté du Centre *à Limoges mentionnant la condamnation d'un « SS français » et celle de Jean-François Laplaud qui s'est présenté devant la Cour de Justice comme un simple « moniteur sportif » au sein de la Milice.*

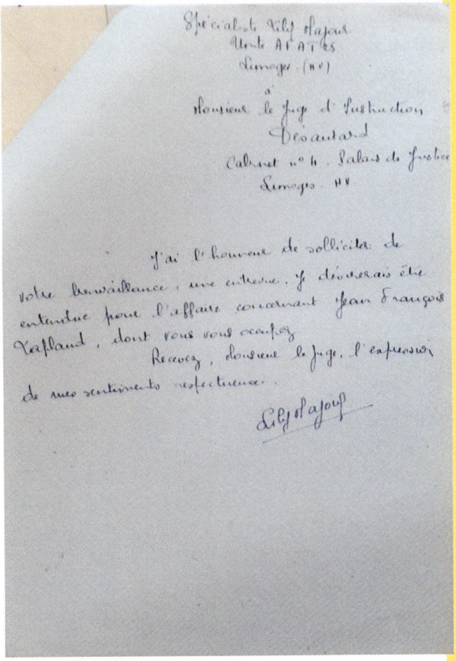

Spécialiste Lily Majour
Unité AFAT 45
Limoges (HV)
à
Monsieur le Juge d'Instruction
Désautard
Cabinet n° 4. Palais de Justice
Limoges. HV

J'ai l'honneur de solliciter de votre bienveillance, une entrevue. Je désirerais être entendue pour l'affaire concernant Jean François Laplaud, dont vous vous occupez.

Recevez, Monsieur le Juge, l'expression de mes sentiments respectueux.

Lily Majour

La lettre manuscrite de Lily Majour demandant au juge d'instruction d'être entendue dans le procès Laplaud en faveur de ce dernier.

L'ancien presbytère de Rilhac-Lastours où Rosa et Jean-François ont vécu pendant une trentaine d'années, en tant que locataires, appartient toujours à la commune. Crédits : Collection particulière.

Le couple Jean-François Laplaud et Rosa Szlejen à la fin des années 1970. Crédits : collection Myriam Coriat.

Jean-François Laplaud devant son atelier au Presbytère parmi certains membres de la famille de Rosa Szlejen. Crédits : collection Myriam Coriat.

Élodie, Myriam, Sarah. Ce sont les trois personnes qui ont recueilli oralement les mémoires de Rosa et permis à l'auteur de transmettre à son tour cette histoire qui participe au devoir de mémoire. Crédit Collection Myriam Coriat.

« Je suis parti de Limoges le 16 août avec un convoi de miliciens. Le travail de l'avant-garde consistait à assurer le ravitaillement des familles. Au moment de notre départ, le chef Alphonsi nous a dit que nous allions rejoindre le gouvernement à Vichy. Finalement nous nous sommes trouvés à Moulins, où on nous a fait connaître que le gouvernement avait dû se replier sur Belfort, ville dans laquelle nous devions le retrouver. En conséquence nous avons repris le train qui devait nous amener à Belfort. Le train en route a bifurqué et nous nous sommes retrouvés à Strasbourg. Nous sommes restés deux ou trois jours dans cette ville et nous avons été dirigés vers le camp de Schirmeck (Alsace)[1] où se trouvaient les miliciens hommes (francs-gardes et avant-gardes).

Schirmeck est un camp situé tout près du célèbre « Struthof », camp de concentration créé par les Allemands en 1941, le seul situé en territoire français alors que Hitler venait d'annexer l'Alsace. Un des plus meurtriers avec Mauthausen, selon Un des plus meurtriers avec Mauthausen, selon Roger Boulanger[2] qui parle de 40 % de mortalité dans le camp (existence avérée de chambres à gaz) qui parle de 40 % de mortalité dans le camp (existence avérée de chambres à gaz). Un journaliste du quotidien *L'Alsace* a raconté en 2014 l'ahurissante arrivée des colonnes de miliciens à la fin de l'été 1944 dans cette zone[3] :

« Ils ont voulu faire de leur montée au Struthof une opération de propagande. Les véhicules d'une colonne arborent des drapeaux tricolores. Mais la population alsacienne a rapidement saisi à qui elle avait affaire, note le journaliste, et a manifesté son mécontentement. Un milicien confesse : “Quand ils ont compris que nous étions avec les Allemands, les gens nous criaient : vendus, pourris, salauds”… »

Raymond Couraud cite également le témoignage du déporté François Kozlik :

---

1. Le camp de sûreté de Vorbruck-Schirmeck est un camp de redressement nazi situé dans la commune de Schirmeck, Bas-Rhin, en Alsace annexée, pendant la Seconde Guerre mondiale, qui fonctionna de 1940 à 1944.
2. L'historique du camp de Natzweiler-Struthof, Centre national de documentation pédagogique, Paris.
3. *L'Alsace*, Raymond Couraud, 9 septembre 2014.

> « Il a assisté à l'arrivée des files ininterrompues d'automobiles le long de la route montagneuse. Ce n'étaient que de belles voitures privées, chargées d'une masse énorme de bagages, de manteaux de fourrure, d'appareils de TSF. »

Le témoin parle aussi de camions ou de bus qui ont rejoint le lendemain et les jours suivants les premiers arrivants. Donc Jean-François Laplaud est bien présent parmi ces miliciens qui fraternisent avec l'ennemi sans vergogne, il a lui-même cité le camp de Schirmeck lors de son procès. Et il a dû être un peu surpris tout de même en découvrant les « prisonniers restés sur place et le décor de miradors, de barbelés et de baraques dans lequel ils doivent attendre le départ pour l'Allemagne. L'un d'eux, poursuit Couraud, demande qui sont ces hommes aux tenues rayées. La réponse est laconique : "ce sont des pédérastes". Un autre gardien explique que ce sont "des voleurs" ».

Le grand patron de la milice, Darnand, arrive à son tour au Struthof et il rétablit la discipline parmi ses troupes un peu trop débraillées à son goût. Le 21 septembre, les Allemands finissent par autoriser le passage de leurs alliés français sur la rive droite du Rhin : « Les miliciens descendent au pas cadencé jusqu'à la gare de Schirmeck, en chantant leurs hymnes et ceux des SS », précise Raymond Couraud.

Mais Jean-François Laplaud ne donne pas tous ces détails au juge d'instruction :

> « Je suis resté environ une semaine dans le camp, à la suite de quoi j'ai été embarqué dans un convoi pour une destination inconnue, je ne croyais pas aller en Allemagne mais simplement changer de camp. Le lendemain matin, je me suis trouvé en Allemagne et finalement j'ai échoué avec le convoi de miliciens à Sigmaringen, j'y suis resté jusqu'au 15 ou 20 mars[1]. »

Si Jean-François Laplaud dit avoir « échoué » à Sigmaringen, ce n'est pas du tout par hasard, cette fois. Car au bord du

1. 184 W, archives départementales de la Haute-Vienne.

Danube, c'est dans un château splendide réquisitionné par les nazis, que se joue l'épilogue du régime agonisant de Vichy.

* *
*

Sigmaringen est une triste page dans l'histoire de notre pays, Rosa. Une page qui nous fait honte aujourd'hui, à nous Français, d'autant plus qu'elle est incarnée par celui qui fut un des chefs de la guerre de 1914-1918. Certains ont plaidé la sénilité. Je ne me prononcerai pas, je ne sais pas. Depuis le 2 juin 1944, de Gaulle a pris la direction du Gouvernement provisoire de la République française. Mais les Allemands n'ont pas voulu laisser le pouvoir aux gaullistes et aux communistes. Von Ribbentrop, ministre des Affaires étrangères du Reich, a alors cherché à instaurer un gouvernement « légal » pour contrer de Gaulle.

Hitler, qui voit l'avancée alliée en direction de Paris, a ordonné l'évacuation des autorités du régime de Vichy. Il a exigé le transfert de Philippe Pétain, chef de l'État français, même si c'est contre sa volonté. Le maréchal prend la route de l'Allemagne. Il avait pourtant affirmé que le devoir du gouvernement, quoi qu'il arrive, était de rester dans le pays.

Le 8 septembre, Pétain est arrivé avec son épouse dans le château de Sigmaringen, dans le Bade-Wurtemberg. Mais il s'estime prisonnier ! Alors il rejette la commission gouvernementale qui assure, depuis le 6 septembre, les responsabilités d'un gouvernement en exil. Pierre Laval rejoint Pétain le lendemain avec vingt millions de francs prélevés sur les fonds secrets du gouvernement.

Fin septembre, des milliers de miliciens, d'intellectuels « collabos » se réfugient, avec femmes et enfants, à Sigmaringen. En novembre 1944, ce sont des dizaines de ministres et de hauts fonctionnaires qui emménagent eux aussi au château.

Certains donnent encore l'impression de croire dans la victoire de Hitler. Ils espèrent encore un retour glorieux en France.

Le 5 novembre, 2000 miliciens rejoignent la division SS Charlemagne. Joseph Darnand, le chef de la milice, veut en prendre le commandement. Mais les Allemands lui préfèrent le général Krukenberg. Une dizaine de ces Waffen-SS combattront jusqu'aux derniers jours du Troisième Reich.

En décembre 1944, à la veille de Noël, les Allemands entament une grande contre-offensive dans les Ardennes. Mais la déception est grande pour les partisans français de Hitler qui avaient commencé à pavoiser à Sigmaringen : le 24 janvier 1945, les panzers subissent un énorme revers et l'occupant perd beaucoup de soldats et de matériel de guerre.

Le 11 avril, Darnand quitte Sigmaringen afin de rejoindre un groupe de miliciens dans les Alpes pour se battre. Le 18, un millier de Français quittent la ville en catastrophe. Les troupes françaises entrent dans Sigmaringen le 22 avril 1945. Philippe Pétain se constitue prisonnier auprès des autorités françaises au poste-frontière franco-suisse de Vallorbe le 26 avril 1945[1]. L'homme-Dieu qui t'était apparu sous une bannière pompeuse, en juin 1941 sur le champ de Foire de Limoges, n'est plus qu'un tigre de papier, un pantin désarticulé, qui prétendait sauver la France et l'a conduite au bord du précipice.

À cette date, Jean-François Laplaud est déjà parti de Sigmaringen, selon ses déclarations, depuis environ un mois. Mais, lors de son procès à Limoges en 1946, des rumeurs insistantes semblent déjà indiquer qu'il a rejoint les Waffen-SS de la division Charlemagne dès le mois de novembre 1944.

1. Pétain est amené jusqu'au fort de Montrouge où il restera interné jusqu'à son procès devant la Haute Cour de Justice, en juillet et août 1945. Il y est condamné à mort, peine commuée en prison à vie par le général de Gaulle, qui préside alors le Gouvernement provisoire.

15

LE SOLDAT SUISSE

Je t'imagine, Rosa, à Langenbruck, coincée entre quatre murs toute la sainte journée, pour ainsi dire prisonnière. Car les archives le précisent, et tu le dis toi-même, tu te trouves en fait « réquisitionnée dans un hôtel réquisitionné », autrement dit internée. Contrainte au travail, certes rémunéré, tu gagnes 20 francs par mois, ce qui n'est pas le cas de ta sœur Fanny. Comme elle a moins de seize ans, elle n'est pas rémunérée pour un travail, même si elle « fait la bonne » comme tu le soulignes également. Expression un peu vague, allusive sans doute. Fanny vous confiera beaucoup plus tard qu'elle a été harcelée par le grand-père, dans la famille où elle était hébergée à Leissingen[1]… Harcelée et peut-être même violée. Myriam n'est cependant pas allée aussi loin lorsque je l'ai interrogée précisément sur ce point.

L'hôtel *Waldeck* à Langenbruck, reconverti en école professionnelle, est surveillé par des soldats suisses francophones, alors que la région est germanophone. J'imagine que tu profitais chaque jour au moins d'une pause pour allumer une cigarette dans la cour, devant l'hôtel, et que tu avais l'occasion et aussi le

1. Témoignage de Sarah Attias, petite-fille de Fanny, 30 avril 2021.

plaisir de dialoguer dans ta langue natale avec ces soldats qui montaient la garde :

> « Je me suis liée d'amitié avec un soldat suisse français qui s'appelait Jean-Jacques Lavenchie de Chavant, qui était très beau, il ressemblait à Pierre-Richard Willm[1], un acteur très en vogue… »

Tu parles seulement d'amitié, Rosa, mais n'était-ce pas, quand j'y songe, ton premier amour ? L'un de tes employés, que j'ai retrouvé au moment d'écrire ta vie, a même cru comprendre que vous vous étiez mariés, mais c'est un autre point qui reste en suspens.

Bientôt, en tout cas, le jeune premier qui te couve des yeux tous les jours va s'enhardir et te propose une solution astucieuse pour que tu puisses quitter la Suisse et vous faire rapatrier :

> « En tant que Suisse, on peut se fiancer, et tu pourras avoir les papiers pour partir, j'irai chercher ta sœur, je me débrouillerai pour aller la sortir de sa famille ; il est allé chercher Fanny et nous sommes partis en France. C'était assez vague. Lui, il est resté en Suisse, il a dû se porter garant pour des réfugiés. Je ne l'ai plus jamais revu, il voulait se marier avec moi. »

On devine, entre les lignes, tes regrets, Rosa. Quel dommage que ce projet n'ait pas vu le jour…

Les choses se sont passées ainsi et tu as fait preuve une fois de plus d'un esprit de décision étonnant pour ton âge. Tu avais toi-même organisé votre départ de Limoges, en allant trouver les responsables de l'OSE muni d'un beau pactole que tu t'étais toi-même procuré, et tu as organisé toi-même, également, le retour. Peut-être pour les beaux yeux d'un garçon, peut-être parce que tu croyais que ce projet de mariage pouvait se réaliser, même si tu n'avais que dix-sept ans, mais aussi parce que tu voulais retourner en France en fin de compte, à présent que les Alliés continuaient à avancer vers Berlin, et que les Russes faisaient de même de leur côté. Les nouvelles que te donnait ton

1. Pierre-Richard Willm, acteur français qui s'était illustré dans *Le Comte de Monte Cristo* (1943).

chevalier servant étaient rassurantes. Tu savais que la France en avait fini avec les nazis, même s'il restait encore les « Poches de l'Atlantique » à libérer.

Les archives fédérales suisses ont conservé plusieurs documents administratifs concernant votre rapatriement. Vous avez, en effet, été convoquées séparément pour vous retrouver au camp de réfugiés des Charmilles à Genève le 10 janvier 1945, avant midi. C'est là que vous avez reçu chacune votre laissez-passer délivré en bonne et due forme par la délégation du Gouvernement provisoire de la République française. La police a tamponné vos documents le 24 janvier, date à laquelle vous êtes reparties de Genève. La suite, tu t'en souviens parfaitement :

> « Nous avons pris le train, passé la frontière légalement. On s'est arrêtées à Lyon. »

Tu évoques une visite que vous avez rendue à un certain « Alain » à l'hôpital de la Croix-Rousse. Vous avez dormi dans cet hôpital.

Puis, le lendemain, vous avez repris le train pour Limoges, vous êtes directement allées chez votre oncle Félix, le frère de votre père. Heureusement toute la famille était là dont votre grand-mère qui était couchée et qui a dit en yiddish :

> « Vous vous êtes là, je sais que votre mère va revenir, mais pas mon fils. »

C'est ainsi que vous avez eu les premières nouvelles de vos parents et du sort tragique qui avait été réservé, selon toute vraisemblance, à Ignace, votre papa.

Félix ou Fajwel SZLEJEN, son frère, était le cadet d'Ignace de neuf ans. Il exerçait la profession de marchand forain à Limoges où il s'était réfugié avec toute la famille dans les années trente. Votre grand-père était déjà décédé bien avant votre départ de Limoges, en juin 1943, mais votre grand-mère avait pu aller chez les Petites Sœurs des Pauvres pour s'y cacher l'année suivante où les rafles ont repris de plus belle :

> « Comme elle ne parlait pas français, expliques-tu, on disait qu'elle était sourde et muette donc elle a passé tout ce temps sans parler ! »

C'est un retour bien amer, Rosa. Tu reviens très vite dans la maison de la rue Monte-à-Regret où tu espères trouver de l'argent :

> « La première chose que l'on a faite, c'est descendre à la cave car je pensais qu'il y avait autre chose que du vin. On a gratté le sol et on a trouvé une caissette avec des bijoux. On a refermé comme si de rien n'était, je ne l'avais dit à personne. Ma tante Rimmel est venue nous chercher, je ne lui ai rien dit... Elle m'a inscrite dans une école Pigier, je n'y suis restée qu'un mois. Puis nous sommes partis à Issy-les-Moulineaux[1], tous les quatre, avec Fanny et mon oncle. »

Ce déplacement n'est pas un voyage comme les autres : il s'agit d'avoir au plus vite des nouvelles d'Elta. C'est l'hiver 1945. La guerre n'est toujours pas finie et les combats font rage dans les Ardennes. Direction le *Lutetia*, à Paris.

---

1. Issy-les-Moulineaux est le domicile de Jacques Wertman, le futur mari de Rosa Szlejen.

16

HÔTEL *LUTETIA*

C'est l'improvisation la plus grande qui règne à Paris, quand il s'agit d'accueillir les 90 000 déportés par mesure de répression et les 76 000 hommes, femmes et enfants déportés comme juifs. Le 19 avril 1945, André Weil, Maxime Bloch-Mascart et Marie-Hélène Lefaucheux, anciens résistants membres du COSOR (Comité des œuvres sociales des organisations de la Résistance), sont reçus par le général de Gaulle qui décide de réquisitionner un hôtel de grand luxe, le *Lutetia*. L'immeuble compte sept étages et les 350 chambres peuvent accueillir, dès le 26 avril, le flot ininterrompu des déportés qui rentrent par le train à toute heure du jour et de la nuit.

Le Centre *Lutetia* est conçu finalement pour être exclusivement réservé aux déportés politiques, hommes et femmes. L'hôtel sert à la fois de centre de sélection, de pôle administratif où les formalités peuvent être effectuées. Mais aussi d'infirmerie, extensible selon les besoins, pour les déportés politiques dont l'état de santé s'oppose à un départ dans les vingt-quatre heures.

Tous les rescapés doivent subir un interrogatoire d'identité. Puis ils passent une visite médicale plus ou moins longue. Un traitement contre les épidémies peut être nécessaire. Des vêtements ordinaires sont proposés pour remplacer la tenue rayée.

L'alimentation est un vrai problème, car la pénurie règne encore dans la capitale.

Les déportés séjournent au *Lutetia* plus ou moins longtemps : entre quelques heures et plusieurs jours, le temps de reprendre des forces et de se préparer à la vie normale. Et puis le *Lutetia*, c'est aussi un centre d'hébergement de transit pour certains déportés politiques.

La main-d'œuvre n'est pas suffisante. On fait alors appel aux volontaires qui viennent bénévolement épauler les équipes d'accueil. Des médecins, des assistantes sociales, des cuisinières, des scouts et des militaires sont mobilisés en permanence, jour et nuit. Cela va durer cinq mois. André Weil raconte :

> « Parfois, il arrivait au *Lutetia* trois ou quatre autobus en même temps. Il fallait faire le maximum pour éviter l'attente. Je rentrais chez moi à 4 heures du matin et, avec une brosse, je faisais tomber les poux dans ma salle de bains. Les premiers déportés rentrés au début étaient très contagieux et au début, nous avons eu deux morts parmi le personnel, une femme de chambre et un scout qui tenait le vestiaire. Nous n'étions pas vaccinés. Personne ne nous avait prévenus[1]. »

* *
*

Rosa, c'est toi qui parles :

> « J'allais tous les jours au *Lutetia* [pour savoir] si quelqu'un connaissait maman et mon père. Je cherchais. On était sur le trottoir, à l'extérieur, avec les photos, on allait voir un déporté et on leur montrait leurs photos. On pleurait. »

Voilà comment, jour après jour, vous avez fait le va-et-vient entre Issy-les-Moulineaux où vous habitiez chez Jacques Wertman (ton futur mari) et le boulevard Raspail, dans le 6e arrondissement. C'était la galère, Rosa, et vous rentriez

1. Source Arnaud Boulligny, SHD Caen.

fatiguées, usées, déprimées. Vous avez attendu ainsi pendant des semaines et des semaines sans avoir aucune nouvelle. Il n'y a rien de pire qu'une attente qui ne se termine jamais, les jours se suivent et se ressemblent tous, vous finissez par ne plus y croire.

Et pourtant, Elta est rentrée à son tour, mais retardée par rapport au premier flux de déportés, à cause du typhus contracté durant sa captivité. Elle a été libérée du camp de Bergen-Belsen le 15 avril 1945. Ce qui veut dire qu'elle a dû rentrer à Paris, au moins un mois plus tard, sûrement davantage. Elle est restée treize mois environ en déportation, plus le séjour à la prison de Limoges et l'internement à Drancy, plus les trajets et les délais de transport ; je me réfère aux fiches toujours remarquables de précision tenues par Bernard Pommaret. Au moment de ce retour, c'est l'angoisse pour ta maman, car elle se heurte à un mur d'indifférence qu'elle ne soupçonnait pas. Personne ne l'a reconnue. Mais une carte est arrivée un jour rue des Rigoles chez des cousins dont Elta a pu donner le nom à la Croix-Rouge. Elle disait ceci :

> « Chers cousins,
>
> Vous serez certainement étonnés d'avoir de mes nouvelles et que je suis rentrée vivante et libérée. J'espère que vous allez bien. Je pense rentrer dans une dizaine de jours, je vous préviendrai. Prévenez Max et Victor Boksenbaum qui habite votre rue, un cousin à mon mari. Je vous embrasse très fort et à bientôt. 30 avril 1945. Elta Szlejen. »

Cette carte postale a été longtemps conservée par ta famille. Au moment de ton décès, Sarah, ta petite-nièce, a pris soin de relever sur un « Post-it » ces lignes où ta mère communiquait à nouveau avec ta famille pour leur dire qu'elle était enfin de retour. C'est ton petit-fils, Cyrille, qui a conservé à l'époque la carte postale.

Finalement, ta mère rejoint donc le domicile de ses cousins. Et tu en as fait le récit :

« Quand maman est arrivée de Pologne, elle avait une cousine qui habitait rue des Rigoles, mais on ne savait pas si c'était mon père ou ma mère. Le jour où elle est arrivée, on était à Issy-les-Moulineaux. Et un matin, vers 7 heures, Charles Rosenzweig, un cousin de maman du côté maternel est venu nous dire que ma mère était arrivée chez lui, place de la République, et qu'elle était en bonne santé. On est parties en métro, on est arrivées chez Rosenzweig. Ma mère ne nous a pas reconnues. Elle a simplement dit, j'avais des enfants, ils ont été tous brûlés. Elle nous a raconté que quand elle est arrivée la veille au *Lutetia*, où la Croix-Rouge a dû l'emmener, elle a pris le métro et elle s'est promenée dans le métro avec son habit de déportée, et quand elle a vu "République", ça lui a dit quelque chose. Elle est sortie, elle s'est promenée place de la République, elle a reconnu les escaliers, pris la porte, elle est montée au deuxième étage et elle est tombée dans les bras de Rosenzweig. Elle a eu un flash. »

Elta avait un document remis au passage de la frontière, probablement, par les autorités françaises, une carte nominative sur laquelle Sarah, qui a eu ce document hélas disparu aujourd'hui sous les yeux, se souvient qu'Elta ne pesait plus qu'une trentaine de kilos à son retour des camps...

C'est ça l'histoire de ta mère qui revient de l'enfer, Rosa. Telle que tu l'as vécue. Telle que tu la racontes à Myriam et à Élodie, ce 25 avril 2011, chez toi au presbytère de Rilhac-Lastours. Et votre douleur, votre souffrance de revoir une mère qui ne reconnaît pas ses propres enfants, comment la raconter ? Qui peut se mettre à ta place, et à celle de Fanny ? Les semaines passent et il faut envisager le retour en Limousin. Tu poursuis :

« Elle s'est rétablie à Paris quelque temps, puis on est rentrées à Limoges. Elle ne disait rien, elle parlait de ses copines au camp avec elle. Après tout lui est revenu. Il a bien fallu un an et demi, deux ans avant qu'elle se rétablisse complètement. Elle détestait voir une cheminée fumer. Devant le magasin à Limoges, il y avait deux prisonniers allemands, et elle leur est tombée dessus avec un balai, elle s'est retrouvée au commissariat. Elle avait des crises d'épilepsie. Quand elle était à l'hôtel *Lutetia*, elle dormait par terre, peut-être deux nuits par terre. Si elle voyait des miettes de pain sur la table, elle les mettait dans un papier et les cachait sous son oreiller. Quand elle faisait des travaux de terrassement, un Allemand lui faisait signe de venir, elle avait peur, elle lui a dit qu'elle était de Limoges, cet Allemand avait une petite amie de Limoges, et il lui a donné du pain et du saucisson juste avant de quitter Auschwitz et de partir à Bergen-Belsen. Elle était dans une espèce de chariot. Elle a eu huit jours de répit. Cela, maman nous l'a raconté. Elle racontait que quand elle est arrivée à Auschwitz, elle a rencontré Lydia et lui a demandé ce qu'elle faisait là. Elle a été aussi heureuse de rencontrer Charlotte Zucker. »

L'histoire de Lydia mériterait à elle seule un autre livre. Myriam m'a raconté que votre cousine déportée avait été laissée pour morte sur un charnier, recouverte par des cadavres. Les Russes, en libérant le camp, l'ont trouvée encore en vie. Elle a décidé par la suite de partir pour Israël.

* *
*

Grâce au livre coécrit par la déportée Charlotte Zucker, qui effectivement était elle aussi partie de Limoges[1], j'ai pu reconstituer, à grands traits, le parcours de déportation de ta mère, Rosa. Elta est arrivée à Drancy le 7 avril 1944 en compagnie d'Isidore Boksenbaum, son premier fiancé devenu son amant, selon toi. Je fais une courte parenthèse pour te dire (ou te rappeler) que cette fois-ci la séparation sera hélas définitive. Isidore a été déporté à Kaunas-Reval le 15 mai 1944 (convoi 73) et il est décédé le 20 mai 1944 à Kaunas ou Pravieniskés (Lituanie)[2].

Pour sa part, Elta a été transférée à Auschwitz-Birkenau, Pologne, par le convoi 71 du 13 avril 1944. Les déportés ne savent pas où ils vont. Entre eux, les Juifs disent qu'ils partent pour « Pitchipoï » comme on dirait « Pétaouchnok ». Le transport a lieu en wagons à bestiaux, avec de la paille pour s'asseoir, se coucher étant presque impossible tellement l'espace est bondé. Hommes, femmes et enfants sont entassés, une soixantaine par wagons. Un tonneau a été embarqué dans le train pour

1. Charlotte et Henri Zucker, *Les Balcons fleuris d'Auschwitz*, les éditions du Colombier.
2. Fiche communiquée à l'auteur par Bernard Pommaret.

les besoins. Les hommes pissent dans des boîtes de conserve, les femmes essaient de se cacher derrière des couvertures. C'est la promiscuité, l'horreur avant l'horreur. Ce convoi est également celui qu'a pris Simone Jacob (future Simone Veil), avec sa mère et sa sœur. On sait que ce train a rejoint Auschwitz le 15 avril au soir. Simone Veil écrit dans ses Mémoires[1] :

> « Le convoi s'est immobilisé en pleine nuit. Avant même l'ouverture des portes, nous avons été assaillis par les cris des SS et les aboiements des chiens. Puis les projecteurs aveuglants, la rampe de débarquement, la scène avait un caractère irréel. On nous arrachait à l'horreur du voyage pour nous précipiter en plein cauchemar. »

Qui peut comprendre qu'autant de vies vont se jouer dans les minutes qui suivent ?

> « Soudain, j'ai entendu à mon oreille une voix inconnue me demander : "Quel âge as-tu ? À ma réponse "seize ans et demi" a succédé une consigne : "Surtout dis bien que tu en as dix-huit". »

La voix anonyme vient de la sauver. Avec sa mère et sa sœur, l'adolescente est dirigée vers le bon côté de la rampe.

> « Maman, qui avait alors 44 ans, conservait une allure jeune. Elle était belle et d'une grande dignité. Milou avait alors 21 ans. »

Les trois femmes s'apprêtent à passer leur première nuit dans l'antre du diable. Petit à petit, elles entrevoient l'indicible :

> « Je me souviens qu'aux questions que certaines posaient, les kapos montraient par la fenêtre la cheminée des crématoires et la fumée qui s'en échappait. Nous ne comprenions pas ; nous ne pouvions pas comprendre. Ce qui était en train de se produire à quelques dizaines de mètres de nous était si inimaginable que notre esprit était incapable de l'admettre. »

1. Simone Veil, *Une vie*, Stock, 2007.

Un officier allemand examine les passagers à leur arrivée. C'est le docteur Mengele. Il est chargé de la sélection. Les plus faibles et les plus vieux dans une file. C'est celle de la chambre à gaz. Les autres rejoignent les prisonniers pour le travail sur différents chantiers, notamment agricoles. Une petite quantité d'hommes et une petite quantité de femmes sont dirigées bientôt vers Birkenau, c'est-à-dire Auschwitz 2. C'est là qu'Elta va être transférée. Elle porte une étoile jaune qui montre qu'elle est juive, plus un triangle rouge qui indique qu'elle est déportée « politique », et une lettre (F) qui désigne sa nationalité française. Le costume rayé est de rigueur ainsi que le tatouage sur le bras gauche, à l'encre bleue, qui inscrit le numéro de matricule. Le 23 mai 1944, Charlotte Zucker apprend qu'un convoi est arrivé de France et dans la baraque des cris fusent de toutes parts :

> « Tout à coup, raconte Charlotte, j'entends quelqu'un qui dit : — Limoges, y a-t-il quelqu'un de Limoges ? Et je tombe sur Madame Schlessen. Elle dit : — Qu'est-ce que tu fais là ? Je lui dis : – J'ai été déportée avec Henri. Elle dit : — Et tes parents ? — Pas mes parents. Elle dit : — Ah bon, tant mieux. Mon pauvre petit. Je lui dis : — Je suis enceinte. — Ah, mon pauvre petit ! Elle me voit. Elle voit ma chaussure de femme et ma chaussure d'homme[1]. Elle travaillait au SchuhKommando, ce qui veut dire qu'elle était cordonnière, et elle me dit : — Je t'apporterai des chaussures. Le soir, en rentrant du travail, elle a dissimulé une bonne paire de chaussures d'homme et elle me les a données… »

Elta va être en proie à des crises d'épilepsie qu'elle te racontera plus tard, car cela aurait pu se terminer tragiquement si les nazis avaient repéré que ta maman souffrait ainsi, et ils n'auraient pas hésité à l'expédier vers les fours crématoires. Pour la protéger, Elta t'a raconté comment les autres femmes

1. Charlotte Zucker avait perdu l'une de ses chaussures et avait dû se débrouiller avec un soulier d'homme en remplacement de celle-ci.

formaient un cercle autour d'elle pour que les surveillants du camp ne puissent se rendre compte de son état[1].

Elta va identifier également une autre connaissance, Fernande Goetschel, qu'elle a croisée à Limoges. Les mois passent, ponctués par le travail harassant et les maladies épuisantes comme la scarlatine, quand ce n'est pas la gale qui provoque des démangeaisons atroces entre les doigts des mains et des pieds, sur le corps entier, à rendre fou. Mais il y a bien pire. En juillet, écrit Charlotte Zucker,

> « les crématoires avaient brûlé jour et nuit… Les nuits étaient rouges… Quand on me dit de regarder un beau coucher de soleil, le cœur me serre. Jamais je ne parle de coucher de soleil. Jamais, c'est quelque chose d'horrible ».

En octobre 1944, le camp essuie des bombardements. Fin décembre, la direction demande des volontaires pour partir de Birkenau. Il ne semble pas qu'Elta soit partie tout de suite pour Bergen-Belsen, un ancien camp de prisonniers russes, à plus de 600 km de Birkenau, au nord de Hanovre, en Allemagne. Car l'avancée des Russes commence à provoquer la panique dans le commandement du Reich. L'évacuation de Birkenau se fait dans des conditions horribles. « Des rescapées, écrit Charlotte Zucker, sont parties à pied. » Ce sont les marches de la mort. Beaucoup meurent en chemin, d'autres, comme Elta, contractent le typhus, peut-être est-ce à cause de cela qu'elle a été transportée dans une sorte de chariot, ce qui lui sauve probablement la vie. Ces rescapées finissent leur trajet dans des wagons à bestiaux.

Il y a des changements assez notables à Bergen-Belsen. Le climat y est beaucoup plus sévère encore qu'à Auschwitz, avec la neige et le froid, car c'est le plein hiver. Beaucoup de déportés se retrouvent avec les pieds gelés, car ils ne portent ni bas ni chaussettes. En revanche, il n'y a pas ici la « hantise de la sélection », ni de commandos de travail extérieurs. Encore des

1. Témoignage rapporté à l'auteur par Myriam Coriat (conversation téléphonique du 28 novembre 2021).

semaines et des semaines à tenir pour Elta. Le 15 avril 1945, les forces britanniques libérèrent Bergen-Belsen et y trouvent près de 60 000 prisonniers, pour la plupart gravement malades. Des milliers de cadavres reposent sur le sol du camp, non enterrés. Pourtant, malgré le typhus, ta maman, Rosa, si forte, si tenace, si courageuse, parvient à rentrer vivante de ce tout dernier camp de la mort qu'elle aura connu et dont elle sera une des rares rescapées.

Ses camarades disaient de lui : C'est un malin, c'est un roublard, c'est un débrouillard qui saura se tirer d'affaire. Et il s'était promis en effet d'être un malin, un roublard et un débrouillard.

Guy de Maupassant, *Bel Ami*

DEUXIÈME PARTIE

BEL AMI

17
LE TEMPS DE LA RECONSTRUCTION

C'est une musique qui vient de loin, Rosa. La musique du peuple noir américain. La musique de la Libération, d'une certaine façon aussi. *L'Express* nous raconte une anecdote qui en dit long sur l'état d'esprit qui anime la jeunesse dès que la libération du pays se profile. À l'Ouest, il y a vraiment du nouveau :

> « À l'aube du 7 juin 1944, sur la plage normande de Utah Beach, un piano droit Steinway, couleur kaki, trône au bord de l'eau, abandonné sur le sable rougi, au milieu des coups de canon. L'histoire est rapportée par le futur ambassadeur du jazz en France, Sim Copans, dans son émission radiophonique Negro Spirituals, diffusée en 1944 sur les ondes parisiennes. Ce piano faisait partie d'un stock de 2 000 Steinway, modèle Victory, débarqués avec l'armée américaine pour assurer un réconfort aux GI et à la population. Un habitant de la région le découvre, le restaure et en fait cadeau, cinquante ans plus tard, au Mémorial de Caen, musée où il est actuellement exposé[1]. »

En 1946, un événement également très marquant pour les amateurs de swing donne le frisson à cette jeunesse française,

1. *L'Express*, 24-5-2004, article de Paola Genone « Sous les pavés le jazz ».

en particulier, en quête de renouveau et de joie de vivre : Joseph Reihnardt, le frère de Django, qui a pris son autonomie et a eu le privilège de jouer avec Bill Coleman, vient donner un concert dans un lieu qui t'est familier, Rosa : la brasserie *Le Luc* à Limoges l'accueille en effet plusieurs soirs de suite en novembre 1946. C'est là que tu étais venue pour récolter l'argent nécessaire à votre exfiltration vers la Suisse.

On trouve sur des correspondances de l'époque des allusions à cette musique venue d'Amérique qui remonte tellement le moral ! Marcelle, une jeune fille célibataire qui travaille dans un atelier de couture de Limoges, ne peut s'empêcher de raconter sur une carte postale adressée à une amie ses folles soirées limougeaudes :

> « J'ai dansé jusqu'à une heure du matin. Un jazz pépère. Ce n'étaient pas les cavaliers ou la musique qui manquaient. J'ai déjà usé une paire de semelles[1]... »

Et toi, Rosa, tu es revenue j'en suis sûr au *Luc*, place de la République, cette fois pour y danser, et dans d'autres boîtes de la ville, maintenant tu sais qu'il faut tourner la page, te reconstruire, ce fameux sentiment de résilience dont parle si bien Boris Cyrulnik, tu l'as traduit avec tes mots à toi :

> « Il y avait une euphorie, on ne pensait qu'à s'amuser, à danser, sans drogues, sans alcool. Les flirts n'étaient pas poussés à l'extrême, on ne couchait pas. On allait à Paris, on revenait, on allait dans les boîtes. Il n'y avait rien de vicieux. Les filles qui couchaient, à part les putains, il n'y en avait pas. Dans mon groupe : l'aristocratie de Limoges, des bourgeois, des commerçants, il n'y avait pas beaucoup de Juifs. Dans mon groupe de copains, personne ne parlait de la guerre, ils ne savaient pas que j'avais été réfugiée en Suisse. On ne pensait qu'à aller danser dans les boîtes chics, le jazz. On n'allait pas voir les musées. On ne pensait qu'à s'étourdir. »

Le jazz à Limoges, dont tu as écouté les premiers accords au lendemain de la guerre, c'est une sacrée histoire en effet.

---

1. Jean-Charles Colin, *Une enfance d'après-guerre.*

J'ai bien connu Jean-Marie Masse, « l'apôtre du swing ». Il travaillait encore à Radio-Limoges quand j'ai débuté comme journaliste au 6, boulevard Victor-Hugo au milieu des années soixante-dix. Extrêmement sympathique mais ne faisant jamais de concession sur ses choix musicaux, il ne vivait que par le jazz et pour le jazz « New Orleans ». Son histoire, que j'ai relue récemment, m'a beaucoup intéressé. En 1943, Jean-Marie Masse est appelé comme tous les jeunes de sa génération au STO. Il parvient à s'y soustraire. Vers 1944, comme toi Rosa, il se sent en danger à Limoges. Alors Jean-Marie part à Montauban. Hugues Panassié, qui fait autorité en Europe et aux États-Unis en matière de jazz, l'héberge à son domicile. À la Libération, Hugues Panassié fait venir Jean-Marie Masse à Paris et lui présente les membres du Hot Club de France.

Cela va donner des ailes au Hot Club de Limoges, une « succursale », donc, qui se crée en 1948. D'autant qu'un immense musicien américain, Duke Ellington, débarque avec le trompettiste Rex Stewart. Hugues Panassié organise une tournée dans toute la France et demande qu'un concert ait lieu à Limoges. Jean-Marie Masse relève le défi. Le concert est un succès. Le Hot Club de Limoges dépose ses statuts le 26 janvier 1948.

À partir de cette date, Limoges va organiser régulièrement des concerts de jazz et cela va durer très longtemps. Ainsi les plus grands noms du jazz sont passés par Limoges, comme Sidney Bechet, Mezz Mezzrow, Don Byas, Lionel Hampton, Stéphane Grappelli, Claude Bolling, et Duke Ellington bien sûr dont une rue porte même le nom ! Je suis allé, en tant que journaliste, à l'inauguration de cette rue !

Cette époque, forcément, tu ne pouvais pas l'oublier, Rosa, cela a été la première étape de ta reconstruction. Je t'imagine, svelte silhouette enveloppée dans une belle robe de soirée, en train de danser avec tes amis, jusqu'à une heure tardive propice aux rencontres…

Mais, tu es jeune, tu ne veux pas encore t'engager avec un homme pour faire ta vie avec le premier venu. Tu ne perds pas de vue qu'il te faut travailler pour t'en sortir :

> « On était tous accros au boulot, car on en avait tous besoin. Ma sœur fréquentait des gens comme Nelly. J'étais avec des gens normaux, des porcelainiers, des fabricants de chaussures. On avait droit à un petit peu de chocolat, le pain était rationné. Ma mère connaissait des boulangers, on ne trouvait de café nulle part... »

Certes vous pouviez faire la fête, à présent, pourtant, au quotidien, la vie était loin d'être réjouissante.

* *
*

Je vois bien, en lisant les notes prises par Sarah, que vous avez été replongées dans une réalité qui vous a sans doute endurcies encore davantage, peut-être, mais surtout traumatisées, cela ne fait aucun doute. Comment pouvait-il en être autrement après les terribles épreuves que vous aviez traversées ? Quel mérite d'avoir reconstruit une nouvelle vie !

> « Lorsque nous sommes rentrées à Limoges, les magasins avaient été placés sous séquestre. J'ai fait sauter les scellés et on s'est installées dans la maison vide. Les meubles avaient disparu. Puis la vie a repris difficilement parce que maman n'était pas très en forme, expliques-tu. Les traumatismes des camps, pour elle, pour nous. Elle s'est remise à travailler. Elle a vendu le magasin Paris Londres, boulevard Louis-Blanc. Avec cet argent, elle a [aussi] emprunté de l'argent à Zwiling, elle lui a donné un bijou en caution, elle a acheté de la marchandise et s'est remise à travailler. Moi, je l'aidais à travailler. »

Il faut dire qu'entre-temps, tu avais fini par retrouver la caisse de bijoux. Mais ta mère ne se souvenait plus de son existence dans la cave où elle l'avait pourtant enterrée ! Cela a bien sûr un peu facilité la reprise d'activité. Mais Elta avait vraiment beaucoup souffert. Myriam, dans notre conversation du 30 avril 2021, a fait état d'expériences qui avaient été faites sur sa tante, au moyen d'hormones, et qui avaient développé une pilosité anormale. Elle avait même de la barbe à son retour des camps et son corps, notamment ses jambes, était meurtri de toutes parts.

En faisant une recherche systématique basée sur votre patronyme « SZLEJEN », j'ai retrouvé une incroyable annonce parue dans le *Populaire du Centre*, en date du 18 décembre 1945 :

> « Madame SZLEJEN, déportée politique rapatriée du camp de Bergen-Belsen, informe sa fidèle clientèle que ses magasins 3, rue Monte-à-Regret et 22, rue Adrien-Dubouché, seront ouverts à partir du mardi 18 décembre. »

Ce qui signifierait qu'Elta a pu reprendre en main ses affaires (ou en vous déléguant) environ six mois après son retour de déportation ! Ou que ses proches, toi peut-être, ont fait passer l'annonce en son nom.

Ainsi se dessine un retour à la « normale », car il est évident que les mois vont passer et qu'aucune nouvelle d'Ignace ne parviendra à sa famille, et pour cause… J'ai également retrouvé quelques informations dans un dossier administratif relatif à la famille SZLEJEN qui nous renseigne sur l'après-guerre[1]. L'un de ces documents indique, à la date du mois de mai 1946, que « la santé de Madame Szlejen lui a permis de reprendre son commerce. Elle est sans nouvelle de son mari déporté. » Une autre date, 17 octobre 1946 :

> « Mme Szlejen a repris l'exploitation de son commerce de confection. Ses filles travaillent, l'une l'aidant dans son commerce, l'autre est modiste. Un secours n'est pas nécessaire. »

Enfin, en avril 1947, le document indique : « Même situation. Une aide matérielle est absolument inutile. » La cruauté de l'administration dans toute sa splendeur. Coluche aurait dit : « Circulez, il n'y a rien à voir ! » Et puis, il y a également cette requête auprès des services de la préfecture où ta mère se déclare le 8 mai 1947 « sans nouvelle de son mari arrêté en mars 1944 par la Gestapo » et demande une carte grise pour son véhicule (Peugeot 207, immatriculée 9219 ZL 2, 6 CV).

1. Archives départementales de la Haute-Vienne, 1517W (246).

De formalités en formalités, il faut bien avancer, mais que c'est dur en effet pour Elta…

L'attente est insupportable et pourtant Elta doit la supporter, comme vous aussi, et vous devez le faire sans savoir vraiment ce qui a pu arriver, ni où, ni comment, ni pouvoir retrouver un jour une sépulture. J'imagine votre douleur de ne pas savoir ce qu'est devenu votre papa, quels que soient les problèmes qui aient pu exister dans le couple formé par vos parents. La résilience n'est jamais facile. C'est un nouveau combat au quotidien.

18
LA COUR DE JUSTICE

Au lendemain de la Libération, la machine judiciaire s'est mise à tourner à plein régime. Les miliciens, en particulier, sont dans le collimateur des juges. Les condamnations se succèdent à un rythme soutenu. Ainsi, Jean-François Laplaud, l'aventurier milicien de Champsiaux, comparaît devant la Cour de Justice de Limoges le 24 janvier 1946 à 14 h 30. Vingt jurés ont été désignés ainsi que trois témoins : un menuisier de Champsiaux (commune de La Meyze), un agent d'assurances de Coussac-Bonneval, et un garçon de café de Douillac (commune de Saint-Yrieix).

Cette histoire, Rosa, nous avons déjà commencé à la dérouler ensemble. En parcourant toute l'instruction de ce procès[1], on se fait vraiment une idée de ce qu'était la période de l'Occupation dans un petit village limousin où tout le monde se côtoie, et où chacun connaît tout de son voisin, ou presque. Avec les risques et les dangers que ça comporte en période de guerre, on va y venir. Si tu as vu au cinéma *Lacombe Lucien*, alors tu ne seras pas étonnée que je m'attarde sur l'histoire de ce garçon, bien avant que tu ne le croises par hasard. Par exemple, la séquence du coiffeur. C'est un des témoins convoqués chez

1. Archives départementales de la Haute-Vienne, Cour de Justice, 184W.

le juge d'instruction qui l'a mentionnée, et franchement il y aurait de quoi sourire, si les faits n'étaient pas en fin de compte angoissants pour ceux qui les ont vécus. Nous sommes au printemps 1944, toi, tu es peut-être déjà partie te réfugier en Suisse avec ta sœur Fanny, pour échapper justement à la Gestapo et à la milice. Jean-François Laplaud se rend ce jour-là chez son coiffeur habituel à La Meyze. Le patron est absent, et c'est un jeune apprenti qui reçoit l'aventurier pour une coupe. Alfred, qui n'a que seize ans, est bien sûr effrayé par ce qu'il voit et entend. Il raconte la scène au juge :

> « À son arrivée, j'ai aidé Laplaud à enlever son pardessus. Au cours de cette opération, un pistolet automatique est tombé d'une de ses poches. C'est Laplaud même qui a ramassé cette arme et il m'a même donné quelques explications sur son maniement. Il m'a fait remarquer ainsi qu'à un client qui se trouvait dans son salon que son arme était approvisionnée d'un chargeur. »

Le client n'est autre qu'un garçon de café du lieu-dit Douillac, proche des puits des mines d'or. Convoqué lui aussi par le juge, il confirme l'incident chez le coiffeur. Mais il en sait beaucoup plus sur le personnage, ayant eu sans doute la peur de sa vie à une autre occasion. Il raconte :

> « Un jour, à Saint-Yrieix, rue du Marché, Laplaud, qui passait dans la rue, m'a interpellé, et la main dans la poche m'a dit : "Je te prends où et quand tu voudras". J'ai très bien remarqué que dans sa poche, il y avait un revolver. La veille, dans un bal, on avait un peu chahuté Laplaud, parce qu'on se doutait qu'il appartenait à la milice. »

Confronté aux témoins, Laplaud esquive devant le juge et nie qu'il portait une arme. Mais il y a un témoin plus embarrassant pour lui. Le fils des propriétaires d'un débit de boissons à Saint-Yrieix dit au juge l'avoir parfaitement identifié alors qu'il collait des tracts miliciens sur la devanture du bistrot « fin 43 ou début 44 ». Le jeune Henri n'en reste pas là. Il ajoute qu'il a également croisé Laplaud au début du mois de juin 1944, à Limoges, et qu'il l'a vu ce jour-là « en tenue de milicien ». Il ajoute :

« J'ai même remarqué qu'il portait les galons de chef de trentaine. J'ai conversé quelques instants avec lui. Trois jours après, je l'ai rencontré dans la rue, conduisant un détachement de jeunes miliciens qui chantaient. »

Pourquoi ce témoin n'a-t-il pas été entendu le jour du procès, devant les jurés ? C'est un mystère. Laplaud présente dans son interrogatoire avant le procès une tout autre histoire. Il était simplement coach sportif, selon lui, au sein de la milice limougeaude, ce qui bien sûr minimisera la condamnation qui sera prononcée. À l'appui de sa déclaration, un milicien prénommé Odet, dix-sept ans, dira au juge qu'il « a vu Laplaud dans l'avant-garde, moniteur de sport, à Limoges et qu'il l'a retrouvé à Sigmaringen, mais l'a perdu de vue ensuite… ».

* *
*

Sigmaringen. Tu te souviens, Rosa, c'est là que nous avions laissé Jean-François Laplaud, quand j'ai commencé à te raconter son histoire, je veux dire la version qu'il en donne. Une question importante a été posée d'emblée lors de l'instruction du procès : a-t-il rejoint ensuite la division SS Charlemagne, en suivant le parcours de son chef Jean de Vaugelas ? L'enquête menée par l'inspecteur de police mobile, Désiré Busière, au début de l'année 1945, lorsque Laplaud est rentré chez ses parents, n'a pas conclu sur ce point. Laplaud, lors de son interrogatoire, dira être resté jusqu'au 15 ou 20 mars 1945 à Sigmaringen,

« date à laquelle les avant-gardistes sont partis pour l'Italie. Mais je n'ai pas voulu suivre, affirme Laplaud, j'ai demandé au sous-préfet allemand du lieu de me trouver une place [sic]. Il m'a envoyé à Berlin où je devais travailler dans une usine. Étant donné les difficultés de transport, je n'y suis arrivé qu'au début d'avril. Je n'ai pas eu le temps d'embaucher que les Russes sont arrivés. J'ai été pris par eux et mis dans un camp de Français et d'étrangers (prisonniers, travailleurs, etc.). Quand les Russes m'ont questionné, je leur ai dit que j'étais prisonnier français, ils nous ont envoyés à pied à Kustrin où on devait être envoyés à Odessa, finalement ils nous ont fait faire demi-tour et nous ont renvoyés à Berlin, trois semaines après ils nous ont amenés dans des camions à Magdebourg où nous avons été confiés aux Américains. De là, j'ai été rapatrié comme prisonnier jusqu'à Toulouse. J'y suis resté trois ou quatre jours et j'ai été arrêté par la gendarmerie qui contrôlait les papiers d'identité. Je me suis présenté sous le nom de Ribet Fernand, né le 13 avril 1919 à Oradour-sur-Vayres et je leur ai montré des papiers que m'avait délivrés la commission interalliée à cet état civil. Les gendarmes ont eu des doutes, finalement je leur ai avoué ma véritable identité ».

Cette version abracadabrante, la justice finit par la considérer comme crédible, à défaut de preuves précises. À la question de savoir si Laplaud a eu l'occasion de rejoindre la division Charlemagne, et donc les Waffen-SS, il répondra avec beaucoup d'aplomb, comme souvent :

« Durant mon séjour à Sigmaringen, j'étais toujours moniteur d'éducation physique. Il est exact qu'on m'a demandé de m'engager à la brigade Charlemagne, j'ai refusé et j'ai obtenu du chef Falchi qu'il me garderait à Sigmaringen comme moniteur. La plupart de mes autres camarades ont été enrôlés d'office dans la brigade Charlemagne. J'affirme que tout ce que je vous dis est l'expression de la vérité. Je n'ai pas appartenu aux SS et je n'ai pas de tatouage[1]. »

L'argument du tatouage n'est pas convaincant en soi, car il y a eu des exceptions dont certaines très célèbres. Laplaud est écroué à la prison de Limoges le 12 juin 1945. Mais, lors du procès, le 24 janvier 1946, la Cour de Justice rend un arrêt très modéré à l'encontre de l'inculpé. Condamné pour trahison et atteinte à la sûreté extérieure de l'État, Laplaud purgera au total un an de prison, écopera de mille francs d'amende, et de dix ans « d'indignité nationale » c'est-à-dire déchéance de ses droits civiques. Par comparaison, un autre milicien dont le parcours est un peu

1. À la fin de la Seconde Guerre mondiale, de nombreux officiers SS sont capturés par les Alliés grâce à une particularité qui différencie ce corps d'armée des autres régiments : ils possèdent un tatouage spécifique sous l'aisselle ! Ce tatouage indique leur groupe sanguin et il concerne les SS et les soldats de la Waffen-SS, également tatoués, mais sur la face intérieure du biceps gauche. Ils désignent eux-mêmes cette indication comme la marque de Caïn, Kainsmal en allemand. Celle-ci apparaît d'abord en lettres gothiques, puis est remplacée par un lettrage romain. Mais certains nazis, comme Mengele, n'étaient pas tatoués ! Source : https://www.curieuseshistoires.net/nazis-ss-tatouages/

similaire à celui de l'aventurier de Champsiaux aura payé plus cher devant la Cour de Justice, au cours de la même session de janvier 1946, devant les mêmes juges. Jean-Paul D. (vingt-cinq ans au moment du procès) est entré au 1er régiment de France, comme Laplaud, puis a adhéré à la milice en novembre 1944. Parti de Limoges en même temps que lui pour l'Allemagne, il signe alors un engagement à la division Charlemagne et se bat contre les Russes en Poméranie[1]. Finalement Jean-Paul D. est condamné à douze ans de travaux forcés et à la dégradation nationale à vie. On peut remarquer que deux avocats ont assuré la défense de Jean-François Laplaud (Maître Teytaud et Maître Sieklucki, venu de Tours) alors que Jean-Paul D. n'a bénéficié que du conseil de Maître Teytaud. Toutefois, un témoin entendu par le juge d'instruction aurait pu apporter des renseignements très utiles à l'exercice de la justice. Il s'agit d'une femme dont les relations avec Laplaud paraissent pour le moins troublantes.

1. *La Liberté du Centre*, 25-1-1946.

19

LILIE

Parmi les témoignages recueillis par le juge d'instruction René Désautard, on découvre en effet, et tu vas être très étonnée Rosa, un appui inattendu à Jean-François Laplaud : celui d'une jeune habitante de Saint-Christophe-en-Dognon[1], connue sous le diminutif de « Lilie ».

Lilie M., née le 17 novembre 1924, a été arrêtée par la milice en mai 1944 à Saint-Christophe-en-Dognon, sa commune natale. Son père est alors adjoint au maire. Elle a laissé notamment ce témoignage précis, recueilli par Yves Soulignac[2] le 6 mai 1995, sur son arrestation :

> « J'ai été arrêtée le 25 mai 1944 à 6 heures du matin, chez mes parents. J'étais agent de liaison dans la Résistance. À vélo, j'allais apporter aux groupes du maquis des tracts, affiches, armes et les ordres. »

Le maquis en question, dans cette zone très boisée, de l'est de la Haute-Vienne, c'est celui de Georges Guingouin. Lilie est prise, semble-t-il, pour avoir affiché les ordres du « préfet du maquis ».

1. Le nom de la commune a été modifié par l'auteur.
2. Yves Soulignac, *Les camps d'internement en Limousin, 1939-1945,* 1995.

Suivant toujours son récit, le village a été encerclé. Un bataillon de GMR escorte cinq miliciens à bord d'une traction avant. Lilie est emmenée sur la place de Saint-Christophe où se trouvent une dizaine d'hommes. Parmi eux, le chef local FTPF Louis C. qui sera torturé et qui décédera lors de son transport à l'hôpital de Limoges (ou juste après) des suites des coups donnés par les miliciens.

Lilie est elle-même conduite directement, sans doute au siège de la milice, là où le directeur pour le maintien de l'ordre à Limoges est présent :

> « Arrivés à Limoges, ils m'ont conduite tout de suite dans le bureau du chef de la milice, de Vaugelas, en uniforme noir, botté, sanglé style SS, le brassard avec le signe de la milice. Il n'a rien dit, il s'est approché de moi et m'a giflée violemment, j'avais les larmes aux yeux. »

Lilie ne dit rien et Vaugelas, furieux, l'expédie au petit séminaire, derrière la mairie, où les miliciens torturent les maquisards et les « suspects » dénoncés souvent par des lettres anonymes. La jeune fille, qui n'a pas vingt ans, passe trois mois dans la prison des miliciens où elle subit « les interrogatoires musclés, et davantage, la mort sous les yeux de Cacaly ». Au moment de la Libération, elle raconte un moment resté inoubliable, cela se conçoit aisément :

> « On m'a portée sur des épaules, j'ai vu Guingouin, j'étais étourdie, et le lendemain j'ai trouvé un vélo et rejoint Saint-Christophe, où je dois bien le dire, je n'ai pas reçu un accueil très chaleureux. Ils avaient eu peur, et j'avais mis leurs vies en danger. C'était moi la coupable. »

* *
*

À peine un an plus tard, alors que deux chefs de la Résistance à Saint-Yrieix, Charles Michel, responsable local de l'Armée Secrète, et Robert Robineau, membre communiste du Comité de Libération de la ville, accablent Jean-François Laplaud dans le cabinet du juge d'instruction. Lilie, bien qu'ayant été malmenée par la milice, vient bizarrement témoigner en sa faveur :

> « J'ai connu Jean François Laplaud il y a environ huit ou neuf ans, alors que j'étais à l'école de filles de Saint-Léonard et que lui se trouvait à l'école supérieure de garçons. Il a toujours été bon camarade. Je l'ai revu en 1941 à Limoges, on a passé notre brevet ensemble, puis je l'ai perdu de vue, mais nous continuions à nous écrire. Je l'ai revu en février 1944 à Limoges, il m'a demandé ce que je faisais, je lui ai avoué que je faisais partie de la Résistance. J'ignorais totalement que Laplaud faisait partie de la milice, au contraire, d'après les conversations antérieures que j'avais eues avec lui, je le croyais profondément anti-Allemand. Bien que sachant que j'étais dans la Résistance, Laplaud ne m'a pas dénoncée, au contraire, quand j'ai été arrêtée par la milice, je sais par d'autres miliciens qu'il est intervenu à plusieurs reprises auprès de Vaugelas pour essayer de me faire libérer. »

Cette déposition de Lilie a été faite dans le cabinet du juge d'instruction René Désautard, le 4 octobre 1945. Le témoin a-t-il été convoqué à la demande de Laplaud, peut-être sur le conseil de ses avocats, on pourrait le penser. Mais un document, conservé dans les archives, montre en tout cas que c'est Lilie qui a pris l'initiative d'écrire directement au juge d'instruction Désautard. En cinq lignes, voici le contenu de la lettre :

> « J'ai l'honneur de solliciter de votre bienveillance, une entrevue. Je désirerais être entendue pour l'affaire concernant Jean-François L., dont vous vous occupez. Recevez, Monsieur le Juge, l'expression de mes sentiments respectueux. »

Le récépissé de la convocation consécutif à cette lettre a été signé le 30 août 1945, Lilie étant invitée « à se présenter en qualité de témoin devant M. le Juge d'Instruction, à Limoges, le 30 septembre 1945 à 14 h 30 ». Il y a donc eu quelques jours d'écart entre la première convocation et la signature de la déposition le 4 octobre. Ce qui montre peut-être la volonté du juge de prendre un certain nombre de renseignements avant de valider la déposition. Mais celle-ci est bien validée en fin de compte.

Alors pour quelle raison, une résistante qui avait vu sous ses yeux mourir un de ses camarades torturé par les miliciens, a-t-elle pris l'initiative de voler au secours de Jean-François, alors qu'elle sait pertinemment qu'il était présent lui aussi, en tant que milicien, sur les lieux de ces sévices, à savoir le petit séminaire[1] ? Cela paraît incompréhensible.

Le problème, c'est que Lilie M., sur ses vieux jours, aurait dit exactement le contraire de ce qu'elle avait affirmé, à son initiative, devant le juge d'instruction en 1945. Un chercheur, Michel Baury, donne le récit suivant à partir de communications téléphoniques et de courriers échangés avec l'intéressée en 2013 :

> « Pendant ses interrogatoires, elle eut l'occasion de retrouver, dans le camp adverse, un copain d'école de Saint-Léonard, J. L., qui partit en Allemagne avec les Waffen-SS. Rentré en France en 1945, il fut arrêté, jugé à Limoges avec quelques autres miliciens et condamné à dix ans d'indignité nationale et deux ans de prison. Il est mort depuis plusieurs années. Il ne fit rien qui puisse l'aider à sortir de la prison de la milice[2]. »

Baury a donné dans son livre *Sur le chemin d'Oradour* une deuxième mouture de ce récit, après avoir soumis le texte du premier témoignage à Lilie. Celle-ci a apporté des corrections au texte, et bizarrement n'a pas conservé ce passage peu « flatteur » pour Laplaud dans la deuxième version ! J'ai appelé la fille de Lilie qui s'est déclarée révoltée par le travail de recherche effectué par Michel Baury. Les allégations de cet auteur sur le comportement de sa mère, peut-être agent double en 1944 selon Baury, lui paraissent totalement infondées. Mais une fille peut-elle accabler sa mère ?

Les troublantes déclarations de Lilie, quelle que soit la vérité, apportent des informations concordantes sur Laplaud. Et elles paraissent assez accablantes pour l'aventurier de Champsiaux.

1. Michel Baury, *Sur le chemin d'Oradour*, Geste Éditions, 2016, p. 171. Voir également d'autres détails dans ce chapitre.
2. Il s'agit bien de Jean-François Laplaud avec deux erreurs toutefois : la condamnation est de un an de prison, et la date de son décès est le 13 novembre 2014 à Lanouaille. Il n'est donc pas « mort depuis plusieurs années » au moment du témoignage de 2013.

Devant le juge d'instruction, la jeune femme révèle un lien personnel de l'intéressé avec Vaugelas, suffisamment fort pour que Laplaud se permette d'intercéder auprès du chef milicien. Est-ce qu'un simple moniteur d'éducation physique, rôle auquel il prétend s'être limité, aurait eu ainsi l'oreille du grand patron ? Laplaud n'exerçait-il pas des fonctions plus importantes, notamment en matière de renseignement ?

Avec Michel Baury, dans un entretien téléphonique, Lilie aurait donc changé complètement son propos vis-à-vis de son ancien camarade d'école Laplaud : elle dit alors que celui-ci n'aurait strictement rien fait pour la faire libérer. Et surtout, elle affirmerait sa présence au petit séminaire, là où la milice pratiquait de toute évidence la torture, à une date qui paraît être antérieure à l'engagement « officiel » de Laplaud dans la milice (fin juin 1944, selon ses dires). Celui-ci aurait donc été dans ce cas davantage impliqué qu'il ne le dit dans l'organisation qui a sévi aux côtés des forces de répression nazies en Limousin.

Je ne peux pas conclure moi-même, car les déclarations tardives de Lilie en 2013 ne sont pas vérifiables, sauf s'il y a eu enregistrement sonore des conversations, ce que j'ignore au moment où j'écris ces lignes. Je pense que la déposition de Lilie M. en 1945 devant le juge d'instruction avait clairement pour objectif d'éviter à Jean-François Laplaud une condamnation trop lourde. Son ancien « camarade d'école » risquait-il de l'entraîner dans sa chute ? C'est une hypothèse à étudier.

Rien ne dit que Lilie et Jean-François n'ont pas continué à s'écrire après la guerre, mais cela est une autre histoire. Un des anciens employés de Laplaud avec qui je me suis entretenu de Lilie, m'a confirmé que son ancien patron lui avait parlé de cette jeune fille avec laquelle il avait eu l'occasion de prendre un pot. Il avait su par Laplaud que cette « résistante » avait témoigné en sa faveur lors du procès. La fille de Lilie m'a certifié par téléphone qu'elle n'avait jamais entendu parler de Laplaud à aucun moment, et qu'elle ne possédait aucune correspondance entre le milicien et sa mère. En tout cas, la jeune femme a décidé très tôt de s'engager dans le corps d'armée féminin[1] et de partir pour une carrière de vingt ans sous le drapeau national, à commencer par l'Indochine où elle se retrouvera plus tard dans un régiment de parachutistes. Car un fait au moins est incontestable : Lilie a bien témoigné devant le juge d'instruction en faveur de Jean-François Laplaud lors du procès de janvier 1946. Affaire sentimentale en souvenir d'une ancienne liaison ? Affinités idéologiques ? Aucune piste n'est à écarter, les deux sont peut-être à retenir. Sur le plan politique d'ailleurs, Michel Baury souligne que Lilie ne « manifeste pas une grande foi dans l'idéologie communiste[2] » bien qu'ayant rejoint les FTP. Et on sait que Jean-François Laplaud détestait les « bolcheviques », ce qui est fondamentalement son « credo » lorsqu'il rejoint la milice. Alors, ils avaient au moins ce point commun, suffisant peut-être pour que Lilie vienne témoigner dans le bureau d'un juge en faveur du jeune homme qu'elle avait connu jadis à Saint-Léonard au commencement de la guerre…

1. Sur le récépissé du 30 août 1945, remis par le juge d'instruction, Lilie se présente comme « auxiliaire féminin de l'armée de terre, impasse Saint-Exupéry, n° 2 ».
2. Michel Baury, *Sur le chemin d'Oradour*, Geste Éditions, 2016, p. 145.

20

L'IMPOSSIBLE DEUIL

13 avril 1948. Elta, toujours sans nouvelle de son mari, doit remplir et signer le formulaire administratif qui consiste à demander la régularisation de l'état civil d'un « non rentré ». Cette demande est transmise au ministère des Anciens Combattants, ce qui m'a permis de retrouver l'ensemble de la procédure[1]. Elta précise sur ce document qu'Ignace est un déporté « racial politique », qu'il a été déporté à Drancy en janvier 1944, et qu'il a été arrêté rue Monte-à-Regret à Limoges. C'est une petite erreur d'Elta, sur ce dernier point, ta maman, avait d'ailleurs appris par des cousins l'arrestation d'Ignace alors qu'il se trouvait à Nice à cette date. De fait, une attestation du ministère des Prisonniers de guerre et Déportés indique en revanche qu'Ignace a été arrêté en mars 1944 à Nice. Son nom est bien présent sur une liste de déportés au départ de Nice en date du 27 février 1944 que j'ai pu retrouver par ailleurs[2].

Le passage par Drancy d'Ignace Szlejen est également mentionné par le Mémorial de la Shoah que l'on peut consulter en ligne. J'ai retrouvé des détails sur ce camp, sous la plume de Charlotte Zucker qui le décrit comme « grand, sinistre et

1. L'ensemble du dossier d'Ignace Szlejen est conservé par le SHD à Caen (P 541 980).
2. *Déportés de l'Isère, 1942-1943-1944 : soixantième anniversaire de la libération des camps, 1945-2005*, Presses universitaires de Grenoble, 2005.

lugubre », avec des dortoirs immenses. Il s'agit en fait d'une ancienne caserne de gardes mobiles. À la chancellerie du camp, les déportés doivent déposer leurs valeurs (alliance et autres bijoux) et ils obtiennent en échange un reçu en zlotys pour l'arrivée en Pologne. Le carnet de fouille d'Ignace mentionne un « bracelet-montre en or, marque Butiac » qui lui a donc été confisqué. Son domicile à la date de l'arrestation figure également sur le site du Mémorial de la Shoah : Sassenage, dans l'Isère, peut-être une fausse adresse donnée par Ignace pour que sa famille ne soit pas retrouvée.

25 mai 1948. Le service civil du ministère des Anciens Combattants établit cette fois l'acte de disparition d'Ignace Szlejen, maroquinier, né à Varsovie le 16 janvier 1896, ton papa, Rosa. C'est la suite de la procédure, mais elle n'est pas encore terminée. On y apprend qu'Ignace a été déporté par le convoi 69 parti de Drancy le 7 mars 1944. Le décès d'Ignace est déclaré le 12 mars 1944 à Auschwitz[1]. Cette date prouve qu'il a été placé, lors de la sélection à l'entrée du camp, dans la file des déportés qui partaient directement dans les chambres à gaz.

20 juin 1950. Le tribunal civil de Limoges déclare officiellement le décès d'Ignace Szlejen à Auschwitz et l'inscription en est faite alors sur les registres des actes de l'état civil de la mairie de Limoges.

Les autres documents du dossier conservé aujourd'hui par le Service historique de la défense à Caen sont intéressants, car ils permettent de voir qu'Elta a dû accomplir beaucoup de formalités pour pouvoir régulariser ses droits en tant que veuve. La Fédération nationale des déportés, internés, résistants et patriotes, à Paris, a délivré par exemple une première attestation en 1948, mentionnant qu'Ignace Szlejen a été « déporté politique… envoyé vers une destination inconnue, via Compiègne où il a disparu. »

1. Une erreur du greffier mentionne Auschwitz (Allemagne) alors que le camp est situé en Pologne. Archives du SHD, Caen, P 541 980.

26 février 1953. Des attestations sont encore nécessaires. Fernande Goetschel, une ancienne déportée de Birkenau qui avait connu Elta et votre famille à Limoges, atteste que

> « Monsieur Szlejen a été déporté au camp de Birkenau où il a été gazé et brûlé au four crématoire ».

25 avril 1953. Charlotte Zucker, qui avait aussi retrouvé Elta dans le camp de Birkenau, déclare à son tour que « M. Szlejen, demeurant rue Monte-à-Regret, a été brûlé au camp de Birkenau en 1944. Elle rajoute la mention manuscrite « déporté pour raisons raciales ».

* *
*

Un deuil impossible, donc, pendant des années… Et un dernier document dans le dossier. Encore une demande destinée au ministère des Anciens Combattants, avec toutes les attestations requises, décret de naturalisation compris (la nationalité française vous avait été retirée par Pétain) pour essayer d'obtenir enfin le titre de déporté politique pour Ignace. Le 12 juin 1953, cette mention n'a toujours pas été obtenue. La requête est présentée par Elta, dont l'adresse à cette époque traduit les complications de son état de santé : elle a dû hélas être admise au sanatorium de Parigné-l'Evêque, dans la Sarthe.

Un deuil impossible, et tu le dis si bien, Rosa :

> « À la Libération, je disais que mon père était malin, qu'il reviendrait, qu'il était en Russie ou ailleurs, mais qu'il reviendrait. Lorsqu'on est enfant, on ne croit pas que ses parents vont mourir, on ne pouvait pas y croire. »

S'il me fallait retenir un passage de tes Mémoires, Rosa, parmi les plus poignants, ce serait celui-ci…

21

LE COBRA

Est-ce que tu as des nouvelles de Jean-François Laplaud ?
Laplaud ? Il est six pieds sous terre !

Gare de La Meyze, Haute-Vienne, printemps 1948. Jean Chabassier, un ancien élève du collège de Saint-Yrieix-la-Perche, se croit victime d'une hallucination, Rosa. Alors qu'il est installé en troisième classe dans le train qui le conduit à Limoges, où il va travailler tous les jours en usine, il aperçoit sur le quai un jeune homme très élégant, avec un accoutrement « princier » qui attire son attention. C'est bien Laplaud « habillé comme un Lord avec le chapeau, un parapluie au bras, un porte-documents, un pardessus beige sur le dos avec des épaulettes. Sherlock Holmes[1] ! ». Et, médusé, il voit monter celui-ci en première classe. Il n'en revient toujours pas.

Jean se souvient alors de ce dialogue avec un camarade de classe qui avait bien connu Laplaud et connaissait sa sympathie pour la milice. Les deux garçons pensaient que leur ancien pion du collège avait été liquidé par la Résistance. « Il est six pieds sous terre ! » La phrase lui trotte dans la tête.

Libéré depuis la fin du mois de mai 1946, l'ancien milicien a réussi à échapper à l'épuration, fait assez exceptionnel à vrai

1. Témoignage enregistré par l'auteur (Jean Chabassier, EHPAD de Vigeois, 12 avril 2021).

dire, et il n'y a plus personne qui semble s'intéresser à lui. Il a purgé sa peine, il repart pratiquement « ni vu ni connu ». Ainsi, Jean Chabassier ignorait, quand je l'ai interrogé, que Laplaud avait eu des problèmes avec la justice après la Libération. Il n'avait jamais entendu parler de sa cavale en Allemagne, de Sigmaringen, ni de son arrestation sous une fausse identité vers Toulouse.

J'ai essayé de retrouver la trace de Laplaud après-guerre. Son parcours est ponctué par plusieurs plaintes déposées contre lui et quelques condamnations. Mais en 1950, il dépose lui-même une plainte pour « vol de livres et objets d'art » qui, au-delà de l'affaire elle-même, dévoile une facette de sa personnalité. Le culot, la ruse sont ses marques de fabrique. Son ADN. L'adage est bien connu : parfois, la meilleure défense, c'est l'attaque.

Une société de publicité appelée « Idées Nouvelles » est alors basée à Limoges. Laplaud y est recruté comme « chef de service des agents » de mars à juin 1950, date à partir de laquelle il quitte l'entreprise sans prévenir. Une pièce lui avait été affectée, dans laquelle il avait demandé l'autorisation d'installer deux bureaux (dont un réservé à une dactylo), ainsi qu'un « fauteuil tournant » ! Il sollicite aussi un des patrons de l'entreprise pour entreposer des biens personnels, ayant eu à quitter un appartement qu'il occupait en ville. Parmi ces biens figurent une quinzaine de livres reliés qui ont une certaine valeur marchande (près de 500 francs l'unité), ainsi qu'un « cobra en argent massif » à usage de presse-papier. Mais, plusieurs objets de valeur, dont le cobra, disparaissent les uns après les autres. Informé par une lettre de son ancienne secrétaire, il porte plainte aussitôt. Les patrons de la société et des employés sont perquisitionnés. Laplaud se montre intraitable. Mais l'enquête n'apporte aucun résultat. Le plus intéressant, c'est que l'on connaît, grâce à cette plainte, les goûts littéraires de notre aventurier. Certes, il lit des romans policiers que lui prête un collaborateur, mais aussi de grandes œuvres, notamment *Don Quichotte* de Cervantès, *Les Mémoires de Saint-Augustin*, *Les Filles de Feu* de Gérard de Nerval, *La Vie des Dames Galantes* de Brantôme... Je sais, Rosa, ça paraît étonnant de voir un ancien milicien aussi assoiffé de culture et même de spiritualité. Surtout quand on a vu le film de Louis Malle *Lacombe Lucien*. Celui-ci n'a pas grand-chose à voir, intellectuellement, avec l'aventurier que nous suivons au fil de ce récit.

J'ajouterai que Jean-François Laplaud ne s'arrête pas à la lecture. C'est un secret de Polichinelle, ce garçon multiplie les conquêtes féminines. Va-t-il s'assagir ? Il se marie avec Françoise B., en 1949. Le couple aura un enfant, mais en décembre 1951 le divorce est prononcé. La garde de l'enfant est confiée à la mère. Cependant Laplaud est condamné le 10 octobre 1952 à huit jours de prison et 10000 francs d'amende pour « abandon d'enfant ».

Un rapport de police le décrit ainsi en 1951 :

> « On lui connaît plusieurs maîtresses. Présentant bien, Laplaud est considéré comme beau parleur, aimant la vie large et facile ; il ne semble pas qu'il puisse disposer de revenus suffisants pour satisfaire ses penchants », conclut l'inspecteur qui rédige le rapport.

Alors il a recours à des pratiques douteuses. Il retrouve un soir à Limoges, par hasard, une représentante de commerce qu'il a rencontrée jadis à Paris, et il cherche à lui être agréable. La jeune femme rêve d'un poste TSF pour sa voiture. Laplaud va se faire prêter un modèle chez une commerçante de la ville pour essayer celui-ci... Mais la jeune femme ne veut finalement pas de la radio, et Laplaud le dépose alors au Crédit Municipal en échange de 6000 francs de caution qu'il va bien entendu conserver. Tout ceci finit par une avalanche de plaintes... Mais que ne ferait-il pas pour séduire une femme qui retient son attention, tel le héros de Maupassant, Bel Ami, dont il a peut-être également lu les aventures. Et récolter un peu d'argent au passage...

Tout au long des années cinquante, l'ancien milicien effectue tour à tour les métiers d'agent d'assurances, de publiciste, et de représentant pour des sociétés basées parfois en région parisienne ou en Alsace. Mais il ne cesse d'être poursuivi en justice, car il multiplie les délits : encore trois mois de prison en 1953 pour abus de confiance, devant le tribunal correctionnel de Limoges. La police recherche vainement son domicile, se renseigne chez ses parents à Champsiaux, et finit par apprendre qu'il déjeune tous les jours au restaurant *Le fin renard* à Tours. Cela ne s'invente pas. Quant à l'adresse exacte où il réside, cela reste un peu imprécis ! Tu souris, Rosa, forcément.

Laplaud a le goût des belles femmes, mais aussi des belles voitures. On pense autant à Gatsby le Magnifique qu'à Bel Ami, finalement. Avec notre aventurier de Champsiaux, la littérature se vit au quotidien, dans le réel. Le 28 octobre 1950, le directeur d'une société basée à Limoges porte plainte contre Laplaud qui s'est offert une Chevrolet à 200 000 francs, mais ne l'a payée que partiellement. Le solde ne sera jamais réglé.

Au fil du temps, le métier de représentant qu'exerce Jean-François le conduit jusqu'à La Rochelle : c'est là justement que se passe, Rosa, l'événement le plus inattendu, le plus imprévisible, le plus hallucinant qui soit : c'est là, dans cette ville portuaire, d'où partaient autrefois les grands navigateurs pour l'Amérique, qu'un ancien milicien rencontre une jeune Juive dont la famille a été brisée par la Shoah. Et vous allez avoir l'un pour l'autre une attraction irrésistible… Ce sera, diras-tu plus tard à Myriam, le plus grand amour de ta vie. L'histoire est profondément troublante, mais elle est rigoureusement vraie. La réalité, une fois encore, plus forte que la fiction.

« Personne ne prétend que la résilience est une recette du bonheur. C'est une stratégie de lutte contre le malheur qui permet d'arracher du plaisir à vivre, malgré le murmure des fantômes au fond de sa mémoire. »

Boris Cyrulnik

TROISIÈME PARTIE

LES FANTÔMES

22

LA ROCHELLE

Parlons de tes amours, Rosa. Tu t'étais d'abord fiancée, par respect des règles familiales et des traditions juives, à Charles Liebman, que ton cousin Léon Aria t'avait présenté. Léon a été l'employeur de Jean-Claude Coriat, qui s'est fiancé puis marié avec ta sœur Fanny. Myriam, l'une de leurs filles, est ta nièce. Ce garçon avait un frère qui était représentant et qui faisait ses études d'avocat. Tu indiques que ce jeune homme était en stage au moment de l'affaire Petiot. Je reproduis ici le passage d'un ouvragre de Claude Bertin[1] qui évoque ce triste personnage :

> « Petiot, que la presse baptise "Docteur Satan", est jugé seul, du 18 mars au 4 avril 1946, par la cour d'assises de la Seine, pour homicides volontaires avec vol, guet-apens et préméditation. Il lui est reproché d'avoir commis, entre 1942 et 1944, vingt-sept assassinats, dont ceux de douze Juifs et de quatre proxénètes accompagnés chacun de leur prostituée. »

Cela nous situe l'époque où tu t'es fiancée avec Charles, peut-être courant 1946 ou 1947 au plus tard. Et c'était à Paris.

Ces fiançailles ont rapidement tourné court :

1. *Les assassins hors-série. Gilles de Rais. Petiot*, Éditions de Saint-Clair, 1967.

« On est restés six mois ensemble. Comme il avait un grand nez, je n'en ai pas voulu. J'imaginais mes enfants avec un grand nez. Je ne l'aimais pas. Je n'ai aimé qu'un seul homme : Raymond Beau, quand je suis rentrée de Suisse. Il jouait dans un orchestre. J'ai fréquenté Raymond Beau. »

Mais ta mère insiste, Rosa, pour que tu épouses un garçon juif. Elta s'arrange pour que tu rencontres celui qui a ses faveurs :

« C'est un fournisseur de maman qui a présenté Jacques [Wertman] à maman. On s'est mariés le 4 juillet 1948, je m'en foutais. Je me suis mariée à la synagogue, rue de Nazareth[1], et à la mairie du 4e arrondissement à Paris. Raymond ne croyait pas que j'allais me marier, il m'avait dit "si tu te maries, j'irai te chercher". Ce qui n'allait pas changer nos relations pendant quinze ans… On s'est mariés à Paris, c'était un grand mariage, au salon Vianney en face du pont d'Austerlitz. On a vécu boulevard Richard-Lenoir parce qu'il avait une petite industrie d'électroménager, rue de Landry. Huit jours après, je repartais à Limoges. J'ai fait plaisir à ma mère. Quand elle m'a vue revenir, elle m'a dit ça va passer. Puis elle est tombée malade. On a vécu par intermittence avec Jacques. Alain est né le 20 juillet 1949, il ressemble à l'oncle Topschy qui était fourreur, rue de la Grange-Batelière, le frère de la grand-mère de Jacques. »

Alain, c'est votre fils, qui restera ton unique enfant.

* *
*

Le profil de ton mari, Rosa, est celui d'un très grand résistant. J'ai retrouvé son dossier au Service historique de la défense à Vincennes où sont conservés des documents précieux pour la mémoire familiale[2]. Jacques Wertman est né le 25 juin 1925 à Lublin, en Pologne. Il est décédé le 24 juin 1997 à Paris (5e). Voici un extrait du décret publié au *Journal Officiel* le 24 mai 1958 portant concessions de la médaille militaire qui lui a été alors attribuée :

---

1. Cette synagogue est située à Paris, au 15, de la rue de Nazareth.
2. Le dossier de résistant de Jacques Wertman est conservé au Service historique de la défense, à Vincennes, sous la cote GR 16P 602645.

« WERTMAN BASTARD Jacques.

Prisonnier évadé, entre au groupe « COMBAT » puis aux Mouvements Unis de Résistance, pour lesquels il se dévouera sans compter jusqu'à la Libération. Placé à la tête d'un service particulièrement dangereux, y fait preuve des plus hautes qualités de courage et d'abnégation. Toujours volontaire pour les missions les plus périlleuses, sauve, seul, au péril de sa vie et avec un rare sang-froid, d'importants documents de la Résistance, au cours d'une véritable chasse à l'homme. Est le modèle du chef intrépide, dont le courage tranquille reste un exemple pour la Résistance et ses camarades de lutte. »

Par le Président de la République, signé René COTY

Le Président du Conseil des Ministres, signé Félix GAILLARD

Le Ministre de la Défense Nationale et des Forces Armées, signé J. CHABAN DELMAS

Jacques Wertman s'était engagé, Rosa, dans le maquis du Vercors, après son évasion et son passage dans la zone libre. Plusieurs fois blessé au combat, il avait notamment perdu un œil (Myriam se souvient très bien de son œil de verre). Il a reçu, outre la médaille militaire, la croix de guerre. Il était aussi chevalier de la Légion d'honneur et officier de l'Ordre national du mérite.

Ta mère voulait à tout prix que tu l'épouses, mais c'était pour toi un mariage arrangé, constate aujourd'hui encore Myriam. En réalité, Rosa, tu n'as pas rompu tes relations avec Raymond, comme tu le dis très bien, malgré ton mariage avec Jacques. C'est ainsi, tu es une femme libre qui ne veut pas se laisser enfermer dans un carcan. Et tu nous expliques la suite :

« Pendant quinze ans, j'ai fréquenté Raymond. Il était musicien, il partait en tournée, il voyageait beaucoup. Il a une sœur qui était mariée avec un médecin. »

Alors que ton mariage s'effiloche, tu rencontres maintenant de gros soucis avec Elta :

« Ma mère ne touchait aucune subvention de l'État, il fallait vendre un magasin pour payer le sanatorium. On a aussi vendu des bijoux.

Elle a eu ses papiers comme veuve de guerre, peut-être dix ans après la fin de la guerre. Jacques a pu lui faire des papiers pour indiquer qu'elle était dans la Résistance. On a vendu la maison car il fallait lui trouver un appartement dans Paris, passage du Jeu-de-Boules. C'est Jacques qui s'occupait de tout. Je suis partie du principe que les bijoux faisaient partie des drames de la famille. J'ai une grande chance, c'est que je ne suis pas proche de l'argent, je suis le contraire de ma sœur. Elta a été soignée dans plusieurs sanatoriums, près de Saint-Cloud, ensuite à Fougères en Bretagne. Jacques avait pris un magasin de confection qui ne marchait pas à La Rochelle, pendant que Jean-Claude Coriat (ton futur beau-frère) faisait son service militaire. Fanny s'est mariée avec Jean-Claude en 1950. Dans les années cinquante, je travaillais à Limoges, et Jacques travaillait à Paris. »

Mais, un jour, tu pars de Limoges, avec ton fils, pour aller travailler à La Rochelle où tu t'occupes du magasin de confection qui appartient à ton mari. C'est là que tu rencontres, par hasard et sans rien connaître alors de son passé, Jean-François Laplaud, l'aventurier de Champsiaux, le milicien, à l'époque toujours soupçonné d'avoir appartenu aux Waffen-SS même si la justice a « passé l'éponge » sur son passé en Allemagne. Jean-François qui recommence, sans complexe particulier, une autre histoire :

« Jean-François, expliques-tu, était l'amant d'une copine qui avait des manèges et il venait me voir au magasin de La Rochelle, il était représentant en linge de maison. Il faisait, ce que l'on appelait à l'époque, des trousseaux. Je me suis liée d'amitié avec Jean-François. Et elle, qui était jalouse, a raconté des mensonges à Wertman, en disant que je couchais avec lui, alors que je couchais avec Beau. J'ai raconté cette histoire quelque temps après à Jean-François, il l'a emmenée à la campagne, lui a donné une leçon et l'a plantée en pleine nuit. Elle est arrivée le lendemain avec un œil au beurre noir. Je ne l'ai plus jamais revue, sauf une fois à Royan, des années après. »

Bien entendu, Rosa, tu es alors en pleine résilience. Le passé ne t'intéresse pas. La guerre, l'Occupation, la Déportation, tu veux tirer un trait pour toujours. Ce n'est pas monstrueux. C'est juste normal, à ce moment-là de ta vie. Tu as à peine trente ans, une mère malade, et un mari que tu ne supportes pas. Tu ne vas jamais, j'en suis pratiquement sûr, questionner Jean-François sur son terrible passé qu'il ne te dévoile pas. Ta nouvelle conquête éclipse même le garçon qui a les faveurs de ton cœur mais qui n'est jamais là, le musicien Raymond Beau. Tu as choisi Jean-François, tout simplement, comme tu l'as confié un jour à Myriam, parce que tu l'aimais.

La rencontre de La Rochelle va avoir une suite, on peut parler sans exagérer, je crois, d'un véritable coup de foudre. Pourtant, ton nouveau chemin ne va pas être pavé de roses. Ton mariage avec Jacques Wertman va définitivement exploser et tu dictes alors ceci à Élodie le 25 avril 2011 à Rilhac-Lastours :

> « Un jour, Jacques me téléphone de l'atelier et il me dit "un de tes copains est venu me voir et je l'ai invité à déjeuner". Il m'a dit que c'était Jean-François Laplaud et c'est comme ça que je l'ai revu. »

Je m'arrête un instant, Rosa, sur ce passage sidérant de ton autobiographie. Jacques Wertman, le grand résistant, le combattant héroïque du Vercors, grand médaillé de la République française s'il en est, et Jean-François Laplaud, l'homme condamné en 1946 par la Cour de Justice de Limoges à dix ans de dégradation nationale pour trahison et atteinte à la sûreté extérieure de l'État, ont donc déjeuné ensemble à l'invitation de ton mari. Celui-ci ne soupçonne pas ton infidélité avec lui, bien sûr, et n'a évidemment pas la moindre idée de l'engagement de son vis-à-vis du côté de l'occupant qu'il a combattu au péril de sa vie, lui laissant physiquement et moralement de graves séquelles. On a du mal à imaginer un tête-à-tête aussi hallucinant et pourtant il a eu lieu !

Tu expliques ce qui s'est passé par la suite, dès lors que tu avais décidé de suivre Jean-François, ton nouvel amour prêt à tout pour te conquérir définitivement :

> « Je suis partie avec lui et Alain. On vivait à l'hôtel, et je vendais des montres et des linges [achetés] à crédit avec Jean-François. On est remontés à Paris, on était à l'hôtel. Il était représentant chez Biderman, un magasin de confection pour homme, le frère de

> Régine. Ça ne lui plaisait pas, après il a été directeur d'une maison de cuir d'hommes. Là, je travaillais à la Chaussée d'Antin, j'étais vendeuse, retoucheuse, étalagiste pour Friedman, un magasin de vêtements. Je suis rentrée là parce que le gendre avait été en Suisse avec moi. Il avait un magasin de chaussures et de confection entre les Galeries Lafayette et le Printemps. C'était un tout petit magasin. J'ai divorcé civilement de Jacques Wertman en 1958. »

Pour Jean-François Laplaud, toujours aussi malin, votre rencontre est une aubaine, objectivement. Je ne dis pas qu'il ne t'a pas aimée au début, Rosa. Tu étais belle et séduisante, il ne pouvait pas rester insensible, c'est une évidence. Mais il lui fallait vraiment partir de La Rochelle lorsque vous vous êtes rencontrés, car les ennuis judiciaires, une fois de plus, s'accumulaient.

J'ai mentionné précédemment la présence de Jean-François à La Rochelle. Une affaire, en particulier, lui vaut de gros soucis. Le gérant des « Trousseaux Franco-Belges », qui l'a recruté en juin 1953, a porté plainte contre lui pour la bagatelle de 536 000 francs détournés. À cette époque, Albert R., qui gère à Limoges cette société basée dans l'est de la France, lui a confié une Dyna Panhard noire et un volume important de marchandises à vendre. Au début, les affaires sont fructueuses. Mais les ventes finissent par chuter, Laplaud se fait expédier de la marchandise en gare de La Châtre, dans l'Indre, et de La Rochelle, en Charente-Maritime, pour écouler ces fameux trousseaux dont tu parles, Rosa. Mais il ne règle plus les notes à son patron pour la marchandise prétendument expédiée et il garde la Panhard pour son usage personnel.

En novembre 1959, à force d'émettre des chèques sans provision, ou de se livrer à des abus de confiance, l'élégant représentant qui en impose à tout le monde écope de huit mois de prison, peine prononcée par le tribunal correctionnel de La Rochelle. Et cinq enquêtes sont en cours contre lui. Pourtant, la chance une fois de plus va lui sourire. Ces affaires finissent par être classées. *Avec le temps va, tout s'en va*, chante Léo Ferré.

23
UN NOUVEAU SOLEIL

Au tournant des années soixante, c'est maintenant une vie parisienne qui vous tend les bras. Mais des problèmes de santé surviennent, Rosa. Tu tombes malade, et tu dois subir une ablation des ovaires et de l'utérus, alors que tu n'as que trente ans. Tu restes en convalescence chez ta mère :

> « Je pesais 55 kg. Pendant ce temps, Jean [François] a trouvé une place dans une entreprise de reproduction de tableaux de maîtres à Paris. Il commence à tourner. Il m'a dit : "je crois bien qu'on est sortis de la merde". Il y avait de la publicité dans les magazines, les gens demandaient à être photographiés. »

Vous avez commencé à gagner un peu votre vie (tu n'avais plus un sou en poche, après ton divorce, sauf je crois une voiture que tu as gardée) et vous avez eu assez pour louer un appartement sur l'île Saint-Germain. Cependant, Jean-François est entré ensuite dans une autre entreprise, la société Fidelis, et il a formé une équipe de représentants. Il a été nommé responsable de tout le sud de la France dans cette société. Tu as repris le travail mais un jour tu as reçu un coup de fil de ton compagnon qui semblait avoir découvert la caverne d'Ali Baba :

> « Il m'a dit "donne ta démission". Je gagne suffisamment, j'ai gagné au casino ! » Je suis allée le rejoindre à Nice et on a vendu des

tableaux dans cette ville. Tout ce qu'on gagnait dans la journée, on le dépensait au casino le soir. On était à l'hôtel. »

Cette vie facile, sous le soleil niçois et à l'ombre des palaces, ne constitue pas une solution durable et Jean-François se fait influencer, alors que vous êtes toujours sur la Côte d'Azur, par des antiquaires. Il aurait même ouvert une galerie à Cannes, selon l'un de ses employés qui en a parlé plus tard avec lui. Même Fitzgerald, l'auteur de *Tendre est la nuit* et surtout de *Gatsby le Magnifique*, a fini par se lasser avec sa compagne Zelda de cette vie opulente mais oisive et… coûteuse. Le moment lui paraît opportun de se lancer dans cette profession d'antiquaire qui vous attire, et il te propose alors un retour à Limoges, car la Côte d'Azur, c'est un peu le miroir aux alouettes, en fin de compte. Et c'est en définitive à Champsiaux que vous finissez par trouver un logement, dans le village où habitent les parents de ton imprévisible compagnon.

C'est ici, dans ce petit village au bord d'une rivière, en plein bocage limousin, que vous allez vivre enfin une vie plus tranquille mais beaucoup plus laborieuse aussi. Les parents Laplaud paraissent eux aussi avoir tiré un trait sur le passé. Ici on ne joue pas au casino, mais on travaille dur. Je ne suis pas sûr que l'accueil fut chaleureux de la part de ses trois frères car toute la famille avait mal vécu la période de la guerre et l'engagement de Jean-François dans la milice avait eu des conséquences lourdes pour leur père en particulier. Une scierie lui appartenant dans un hameau voisin avait été dynamitée au début de l'année 1944, alors que le bruit courait déjà avec insistance que l'un de leurs fils était milicien.

Mais là encore, avec le temps, les choses finissent par s'apaiser. Interrogés dans le cadre d'une enquête de voisinage, lors de l'instruction du procès devant la Cour de Justice de Limoges, le maire de La Meyze et le menuisier de Champsiaux, ancien responsable du maquis FTP dans le village, avaient fait preuve d'une certaine indulgence vis-à-vis de Jean-François Laplaud qu'ils avaient tous les deux bien connu sur les bancs de l'école.

> Pour le maire de la commune, la famille de Laplaud était « très honorable… Jean-François avait toujours tendance à vivre largement sans travailler… Étant le plus jeune des enfants du ménage, il fut toujours “fils de famille” alors que les frères effectuaient des travaux pénibles. Ce garçon s'est fait affilier à la milice par besoin d'argent. À notre connaissance, il n'appartenait à aucun parti politique[1] ».

Je constate, Rosa, que tu ne fais aucune allusion à une quelconque hostilité quand vous arrivez à Champsiaux pour ouvrir un premier atelier d'antiquités. Les parents de Jean-François sont peut-être soulagés que leur quatrième fils se stabilise enfin. Ta présence en est aussi une preuve pour eux. Ils ont toujours été honorablement connus et appréciés. Ils ne sont pas plus curieux de connaître ton passé et de savoir d'où tu viens.

C'est à cette époque que ta nièce Myriam vient passer toutes ses vacances en Limousin, si contente d'échapper à la vie parisienne et à l'appartement où l'on s'ennuie. Ici, c'est la liberté, la découverte la nature, les parties de pêche… Jean-François Laplaud n'hésite pas, malgré l'image peu flatteuse qu'il a laissée pendant la guerre, à parcourir les campagnes pour acheter des meubles à vil prix aux paysans. Pour effectuer ses premières tournées, il part avec un marchand de bestiaux avec qui il fait équipe. Il recherche particulièrement les vieilles tables de ferme, les pétrins où l'on faisait le pain pendant la guerre, les bahuts, qu'il paye à bas prix, quand il les paye (je possède des témoignages concordants sur ce point aussi de son impécuniosité réelle ou feinte). Le tarif, en général, c'est cinq francs (de l'époque) pour une table de ferme, soit le prix d'un kilo de pommes de terre au détail. Mais à l'arrivée, la marge est colossale :

> « Tout le golf de Saint-Tropez a été équipé grâce à nous, raconte un ancien employé. C'était sur la route de l'Italie où on allait chiner. On faisait la culbute jusqu'à mille francs la table revendue sur place. »

---

1. Déposition du maire de La Meyze auprès du juge d'instruction, 27 novembre 1944 (archives de la Haute-Vienne).

Jean-François Laplaud, véritable miraculé politique à la Libération, est donc toujours là, vingt ans après, avec un aplomb qui laisse pantois. J'ai recueilli plusieurs témoignages sur ses débuts dans le métier d'antiquaire qui ne lui sont pas favorables, une fois encore. Car c'est une certitude : Laplaud n'a pas un sou en poche et il continue à se faire épingler par la justice. Le tribunal de grande instance de Limoges le condamne pour émission de chèques sans provision encore le 5 juillet 1965… Il parvient, tant bien que mal, à expédier à Paris un premier wagon de meubles récupérés dans les fermes, mais tout ceci est encore bien fragile. Où puise-t-il tant d'énergie ? Comme Don Quichotte, l'un de ses héros favoris quand il collectionnait les beaux livres reliés, il affronte les moulins à vent… Mais il est toujours là, vaille que vaille.

Elta, ta maman, meurt en région parisienne et elle est inhumée le 17 mars 1964 au cimetière de Bagneux dans les Hauts-de-Seine. Elle a tenu à être placée dans une fosse commune avec d'autres déportées… Elle n'a que 66 ans, mais son organisme a tellement été usé à cause de la déportation à Birkenau et à Bergen-Belsen qu'elle vous quitte beaucoup trop tôt, épuisée par la maladie. Son nom et celui d'Ignace vont être gravés plus tard sur le mur du Mémorial de la Shoah à Paris. Tragique mais indispensable trace de leur épouvantable destin. En quittant ce monde, votre mère vous laisse de quoi vous en sortir. Fanny et toi, vous vendez son appartement, et ta part d'héritage, tu la consacres entièrement à un projet qui t'est particulièrement cher : louer un vieux presbytère, près de Nexon, à Rilhac-Lastours, et y entreposer les premiers meubles de valeur que tu parviens à acheter. Ce sont tes débuts dans le métier d'antiquaire, une activité qui va devenir ta grande réussite, ta fierté.

C'est toi, Rosa, qui va sauver Jean-François de la ruine, de l'errance, de la prison. Et tu le fais par amour, c'est évident. Il est maintenant l'homme de ta vie, il devient ton grand amour, celui que tu as vainement cherché jusqu'ici. Son allure flamboyante, son esprit de décision, son audace te surprennent et t'émerveillent. Tu es sous le charme, définitivement. Ton fils Alain, qui va vivre avec vous au presbytère durant un temps, va se marier très tôt et quitter Rilhac pour Paris. Tu ne vas plus le revoir qu'à de rares occasions. Tu sacrifies tout pour Jean-François, ton héros, ton « Superman ».

À Champsiaux l'ex-aventurier décide alors de se mettre au travail. Nettoyer les meubles, les cirer, c'est désormais son quotidien, je dirais plus exactement votre quotidien, car tu prends amplement ta part du travail, Rosa. Et vous allez décider ensemble, avec l'argent que tu apportes, de vous installer à Rilhac-Lastours pour être plus autonomes et mieux à même d'exercer le métier.

24

LE ROI DE LA CHINE

On ne peut pas rayer d'un trait de plume, Rosa, les années de travail et peut-être aussi de complicité partagée que tu as vécues avec Jean-François, au presbytère de Rilhac-Lastours. J'ai recueilli des témoignages sur cette période qui commence donc en 1965. À l'époque, le maire est tout heureux de voir arriver sur sa commune un jeune couple plein d'entrain qui draine dans le village, surtout le week-end, de nombreux acheteurs. Et cela anime le pays :

> « Je les ai connus tous les deux, m'a confié René Barry, ancien maire du village, toujours très alerte, à la mémoire précise. C'était mon prédécesseur qui avait organisé la location du presbytère. L'immeuble avait besoin d'améliorations. De ce côté-là, Monsieur Laplaud était très habile. Il avait rénové la grange attenante et aménagé celle-ci pour y mettre les meubles. Il réparait en bas, et à l'étage sur l'ancienne barge à foin il avait créé un espace pour exposer le mobilier rénové. Il avait tapissé la vieille grange avec des toiles, et installé des spots pour éclairer les meubles et les mettre en valeur. »

Qui payait les frais de location et les aménagements ? Mon interlocuteur me sourit :

> « Monsieur Laplaud avait impressionné mon prédécesseur. Il s'était présenté le premier et avait sorti une épaisse liasse de billets pour réserver la location... Mais c'était surtout Madame Rosa qui avait l'argent. »

C'est d'ailleurs toi, Rosa, qui crée en ton nom la société « Le Presbytère » le 1er janvier 1966 à Rilhac-Lastours. L'inscription est enregistrée au Registre du commerce à Limoges avec un seul dirigeant, toi en l'occurrence.

Cependant, ton compagnon n'est pas quelqu'un à s'effacer pour autant, bien au contraire selon René Barry. L'ancien maire me décrit Jean-François Laplaud comme le « gérant » :

> « C'était Monsieur qui était le chef. Il était quelqu'un d'autoritaire. Il connaissait bien son affaire. Il allait chercher les meubles notamment en région parisienne, mais aussi ailleurs en France. Il avait des relations, des gens qui avaient une certaine connaissance et compétence. Il était devenu expert, il connaissait l'origine des meubles, leur année… Il ne gagnait pas toujours des sommes mirobolantes. Madame Rosa m'a confié qu'elle comblait parfois les pertes. »

Différentes personnes ont travaillé à vos côtés par la suite. Pour restaurer les meubles, vous avez fait appel à des professionnels, et toi tu t'occupais de la clientèle. Tu étais « la commerciale ». Vous avez fini par ouvrir un magasin à Limoges, rue Elie-Berthet. Les affaires sont devenues plutôt florissantes. Fidèle à son côté flamboyant, ton compagnon laissait dépasser les liasses de billets de sa poche. Je sais que Jean-François, au volant de sa DS break, partait de plus en plus loin pour « chiner ». Il avait même mis en place une activité très lucrative avec l'Italie.

Un de ses collaborateurs, qui l'a parfois accompagné dans ces virées méridionales, m'a expliqué qu'à l'aller Jean-François descendait des meubles du Limousin pour les vendre ou les échanger dans le Piémont. Il revenait ensuite avec de la marchandise italienne qui pourrait intéresser sa clientèle locale. Cela permettait aussi de faire de belles marges. Il était courant qu'une armoire en bois massif atteigne 50 000, voire 60 000 francs. C'était l'époque dorée de la « chine », semble-t-il révolue aujourd'hui. Il y avait un certain nombre de « plateformes » où se retrouvaient les antiquaires à Bagnolet, Le Mans, ou Montpellier. Ta société était en pleine croissance, tu as acheté plusieurs véhicules pour sillonner la France et l'Italie, dont un Ford Transit de grande capacité.

Dans son travail, Jean-François était considéré par ses collaborateurs directs comme un bon patron qui payait correctement ses ouvriers. Certes il rechignait à rétribuer les heures supplémentaires, car les livraisons s'effectuaient toujours après les horaires de travail de la journée à l'atelier. Mais il avait un contact agréable, et l'un de ses anciens ouvriers me l'a dépeint à la fois comme « gentil et autoritaire ». Familièrement, il se faisait d'ailleurs appeler « Jeannot ».

25

DOCTEUR JEKYLL ET MISTER HYDE

On ne peut pas sonder « les reins et les cœurs[1] ». La vie intime de ton couple, je la respecte, Rosa. Même avec tes nièces, tu n'es pas allée très loin dans les révélations, en ce qui concerne Jean-François. J'ai bien du mal à imaginer le couple que vous avez fini par devenir, Jean-François et toi. Un couple d'amoureux ou un couple d'affaires, comme le pensent certains ? Ce qui est sûr, c'est qu'au départ il y eut un véritable coup de foudre, sans aucun doute réciproque. Si j'essaie de remonter à votre rencontre, en me référant à ton autobiographie transcrite par Élodie, je lis ceci :

> « Quand j'ai rencontré Jean [à La Rochelle], je me suis installée chez les Ginger, lui était directeur des magasins militaires américains… La femme de Ginger était formidable, elle avait vécu en Chine. Son père était allemand et vivait en Chine, elle s'est mariée avec Albert [Ginger]. Elle est revenue en France quand Mao a foutu tous les étrangers à la porte en 1949. Albert était directeur de l'hôtel *Cook* à Pékin et elle était photographe. »

1. *Jérémie* 11, 20 ; 17, 10 ; 20, 12 ; *Psaumes* 7, 10.

Cela donne une idée du genre de fréquentations que vous aviez à l'époque. On peut dire que ce n'étaient pas des personnes ordinaires et que vous aviez alors connu des gens qui avaient beaucoup bourlingué et qui vous apportaient sans doute des connaissances et une culture nouvelles ainsi qu'une certaine soif d'aventures, d'inconnu, de dépaysement… J'ajouterai également que tu parles aussi d'un commissaire de police que vous aviez rencontré et qui avait un rôle dans l'affaire Ben Bella. Cela donne toujours du piment à une conversation ! Bref, vous avez connu ensemble des gens qui sortaient de votre milieu, de votre rang social. Des personnes qui vous donnaient à rêver d'expériences nouvelles, toi qui vendait du linge en boutique et Jean-François qui exerçait le métier de représentant de commerce avec les difficultés que l'on sait.

Je ne reviendrai pas sur votre « lune de miel » sur l'île Saint-Germain à Paris où vous avez ensuite habité au début de votre liaison. Et je passe rapidement le séjour doré que vous vous êtes offert à Nice, à l'époque où vous vendiez des tableaux sur la promenade des Anglais ou à Cannes. Votre paradis d'amoureux, c'est finalement à Rilhac-Lastours, dans cette demeure de caractère où vous vous êtes installés, que vous l'avez trouvé, en tout cas que toi, Rosa, tu l'as rêvé et peut-être aussi vécu…

Un jour un magazine de mode et de décoration a envoyé de Paris un photographe pour un article sur cette demeure si raffinée où tu vivais, avec ton compagnon… Elle devait valoir le coup d'œil, au point que la presse people de l'époque vous ait consacré un long article sur papier glacé. Vous étiez devenus presque des V.I.P., une belle revanche sur la période de vaches enragées que vous avez traversée au début de votre liaison à La Rochelle puis même à Paris.

Vous invitiez du beau monde au presbytère. Le maire de la commune, René Barry, se souvient d'avoir sablé le champagne, en compagnie de son épouse, en répondant à une invitation que vous lui aviez adressée. Il n'est pas tout à fait sûr, cependant, que les invitations de Jean-François fussent totalement désintéressées. Fin renard, il oubliait de temps en temps de régler les factures d'eau, alors le maire devait faire plus que les gros yeux pour se faire payer :

> « Le percepteur m'appelait. Moi, j'appelais le cantonnier et je lui demandais de fermer la vanne. Le lendemain, il me payait. »

C'est ça la France rurale des années soixante : le maire, son cantonnier, et son autorité incontestée à l'époque. Même par un ancien milicien qui cherche tout de même à le gruger… Il paraît même qu'un jour, le maire de l'époque avait refusé une proposition de Jean-François qui voulait acheter le presbytère ; le maire restant prudemment sur ses gardes à cause du passé si trouble de l'acquéreur qui faisait un peu tache, forcément.

Mais ces petites filouteries restaient ignorées, en réalité, par la plupart des invités qui fréquentaient le presbytère. Au milieu des tapisseries somptueuses, des tableaux choisis avec bon goût, et des meubles d'époque, ce n'était pas rien que de passer un moment en votre compagnie. On ne savait plus où donner des yeux, tant il y avait de belles choses à voir, et des buffets bien garnis où l'on pouvait se servir à volonté…

Un jour, une jeune femme du village, qui passait en voiture devant le presbytère, est tombée en panne. Elle a sonné à votre portail pour téléphoner au garagiste et quelqu'un, peut-être un employé de maison, l'a priée d'entrer. Jean-François est apparu en haut de l'escalier, vêtu avec une rare élégance :

> « On aurait dit le roi, a-t-elle confié à son mari en rentrant, lequel a éclaté de rire. »

Jean-François lui avait permis de téléphoner et même offert un café. Toujours courtois avec les jolies femmes. Elle avait été impressionnée elle aussi par la prestance de son hôte et par la beauté des lieux…

Toi aussi, Rosa, tu avais fière allure. Myriam et Sarah te décrivent comme une femme élégante « toujours tirée à quatre épingles », même passé l'éclat de ta jeunesse. Vous étiez un couple aux fréquentations souvent très mondaines. Le comte de Bonneval bien connu dans la région, figurait dans votre liste d'amis. Tu aimais plaisanter avec cet aristocrate fortuné et propriétaire de plantations en Amérique du Sud. Invitée avec Jean-François au mariage de sa fille qui avait épousé un garçon « né sous la bannière de David », tu avais parlé avec un humour glaçant de tes propres origines en te présentant comme issue de la haute aristocratie du ghetto de Varsovie... Ton sens de l'autodérision est souligné par tous tes proches. Même si cela touchait en l'occurrence aux événements les plus tragiques que votre famille avait vécus. Jean-François avait été très à l'aise ce jour-là, tu n'as jamais eu d'ailleurs à lui reprocher d'être antisémite...

Et pourtant, vous ne receviez pas que du beau monde au presbytère. Myriam a gardé le souvenir, pendant les vacances qu'elle passait chez vous, de certaines visites assez peu recommandables :

> « C'est arrivé trois ou quatre fois... Ma tante, elle me disait que c'étaient des amis de mon oncle qu'il avait connus pendant la guerre... donc... voilà... Ces gens-là se réunissaient, ils parlaient... Et nous on n'avait pas le droit de rentrer. Ils étaient dans la salle à manger. Moi, j'étais dans la cuisine... J'essayais d'écouter... Ils s'enfermaient... Il y avait un climat très bizarre. Ma tante me disait qu'il ne fallait pas faire de bruit, qu'il ne fallait pas trop se montrer... Moi, je ne les ai jamais vus ! »

Des fantômes... Drôle d'ambiance dans un couple, me semble-t-il, lorsque le maître de maison reçoit des invités sous le toit conjugal et interdit à sa femme de s'en mêler, qu'il lui ordonne de rester enfermée dans la cuisine ! Qu'avait-il donc de si compromettant à cacher ?

Toi, Rosa, tu ne pouvais pas savoir qui étaient ces « camarades » de Jean-François. Tu préférais, disons-le, passer l'éponge, enfin presque. Tu laissais cependant ta nièce, Myriam, qui était révoltée par ce qui se passait, mettre à tue-tête des chants en hébreu que vous écoutiez dans la cuisine pendant que de l'autre côté de la cloison, se tenaient des conversations secrètes d'anciens collabos. Myriam, au bord des larmes, m'a confié au moment où elle m'a décrit ces soirées bizarres où elle faisait hurler les haut-parleurs des paroles fortes :

« C'était ma guerre à moi, ma Révolution à moi ! »

Ils parlaient donc de la guerre, sans doute, leur guerre à eux…

On ne saura probablement jamais qui étaient ces visiteurs du soir à la triste figure, qui se faufilaient au presbytère entre chien et loup. Sauf miracle, et puis peu importe au fond. Pour se cacher ainsi, ils ne devaient pas avoir la conscience tranquille. Ils étaient bien devenus des fantômes…

Souvent, Rosa, tu invitais des amies à l'heure du déjeuner au presbytère. Tu y conviais aussi tes employés, notamment celui que tu as appelé avec amour ton « fils professionnel ». J'ai appris que tu étais une ambassadrice exceptionnelle de la viande limousine. Tu préparais en cuisine pour tes invités des entrecôtes délicieuses, paraît-il, et le vin rouge coulait à flots. « C'était la fête païenne, presque tous les jours », m'a raconté un des convives éblouis qui ont eu la chance d'être à ta table.

Mais hélas, des rumeurs qui couraient sur votre couple dans la région de Nexon, à propos de ta présence aux côtés de Jean-François, finissaient par revenir dans la conversation, surtout lorsque tu recevais tes amies juives qui avaient été déportées. Le même témoin m'a confié qu'il avait observé le tatouage des camps de concentration gravé sur leur avant-bras. Et l'une d'elles a raconté, devant vous tous, qu'à Nexon certains te traitaient sans la moindre preuve évidemment de « Kapo[1] ». Ils pensaient que Jean-François t'avait ramenée avec lui d'Allemagne lors de sa fameuse épopée outre Rhin d'août 1944. Non seulement cette affirmation était totalement fausse puisque tu n'as jamais été déportée, mais elle était tellement abjecte, obscène, révoltante, quand on sait le sort qui fut réservé à tes

1. Le mot kapo désigne les personnes qui étaient chargées d'encadrer les prisonniers dans les camps de concentration nazis. Les kapos étaient souvent recrutés parmi les prisonniers de droit commun les plus violents ou parmi ceux dont la ruse ou la servilité avait permis de figurer parmi les anciens, en échappant provisoirement aux « charrettes » menant à l'extermination. Voir Philippe Mesnard, Yannis Thanassekos (dir.), *La zone grise : entre accommodement et collaboration*, Kimé, 2010.

parents et grands-parents à Auschwitz ou à Treblinka. Quelle offense pour votre mémoire et pour votre honneur !

D'autres incidents qui ponctuaient parfois ces repas concernent les petits cercueils qui étaient adressés de temps en temps par La Poste à Jean-François pour lui rappeler son passé. Mais, fidèle à lui-même, il ne se démontait jamais. Lorsqu'il entendait les conversations que je viens d'évoquer, étant présent souvent à ces repas, il ne faisait pas de commentaire particulier et restait parfaitement neutre.

Selon Myriam, votre couple a volé en éclats en réalité pour d'autres raisons qui n'ont rien à voir avec la Seconde Guerre mondiale. Tout d'abord, Jean-François Laplaud est parti au mauvais moment pour toi professionnellement, même si ce fut « les mains dans les poches, sans partage financier » croit savoir un de tes proches. Et toi tu dis :

> « Jusqu'en 1981, je vendais les meubles à Rilhac. J'ai ouvert le magasin en 1981. En 1989, Jean-François m'a plantée. »

Car ton compagnon, toujours sapé comme un prince, tombeur de femmes incorrigible, avait fait de nouvelles conquêtes. Et toi tu continuais à régler les traites de la Mercedes flambant neuve qu'il venait d'acheter à crédit, et au volant de laquelle il est parti.

Parmi ses très nombreuses liaisons, à en croire la rumeur publique, ton compagnon a fréquenté une certaine Yvonne dont j'ai déjà parlé. Vous n'étiez pas encore séparés mais il la voyait de temps en temps. Effectivement, il est parti une première fois pour la rejoindre puis est revenu au foyer. Mais le second départ, en 1989, selon ton autobiographie, a été définitif.

Yvonne était une ancienne camarade de collège de Jean-François à Saint-Yrieix. Elle s'est mariée à un marchand de vin de Payzac. Le couple a hébergé le jeune homme alors qu'il était recherché par le maquis pour l'exécuter. Jean-François et Yvonne se sont revus par la suite. Laplaud est parti en informant le maire du village qu'il rejoignait cette Yvonne connue dans sa jeunesse. Le comble, c'est qu'elle était issue d'une famille engagée dans la Résistance (Armée secrète). Mais cela ne le gênait pas, pas plus qu'il n'avait été gêné que tu sois issue de la communauté juive de Limoges si durement persécutée…

Mais ce n'est pas tout à fait la fin de l'histoire, en ce qui concerne la vie amoureuse de « Jeannot ». J'ai appris qu'il avait aussi une troisième liaison (les trois étant parfois concomitantes), avec Simone, la femme d'un antiquaire de Limoges, à qui il a fait ouvrir une petite boutique dans le marché Serpette, bien connu dans les Puces de Saint-Ouen. Toujours l'amour et les affaires paraissent aller de pair pour ton ancien compagnon… Et pour héberger ses différentes maîtresses, à tour de rôle, « Jeannot » avait eu l'idée de faire un placement dans le Var, sa garçonnière. Il avait en effet acheté là-bas, dans un petit village de caractère nommé Cotignac, où il faisait étape sur la route de l'Italie, à l'aller et probablement au retour…

Certaines confidences m'ont été faites sur le début de cette idylle entre Jean-François et Simone… La jeune femme était très belle, et jouait de ses charmes pour faire fructifier les affaires de son couple. Son mari, très arriviste, ne voyait pas que Jean-François était plusieurs fois par semaine présent dans la boutique pour vendre en principe de la marchandise, mais en réalité c'était le prétexte pour revoir Simone le plus souvent possible. Un jour, les deux tourtereaux se sont envolés, et l'antiquaire furieux, apprenant que l'amant de sa femme n'était autre que Jean-François, t'a téléphoné pour te mettre en courant ! Un peu « vaudeville », je le concède. Mais c'est pour cette raison que votre couple a volé en éclats. Tu étais au courant pour Yvonne, et tu fermais les yeux, estimant que c'était une liaison ancienne… Mais, avec la révélation de cette triple vie menée par ton compagnon, la désillusion a forcément été terrible.

26

LE LOUP BLANC

Le hasard est curieux, Rosa, il provoque les choses. Jean-François Laplaud va en faire l'amère expérience à son détriment, après t'avoir quittée. Mais il faut que je te raconte auparavant comment je t'ai retrouvée et finalement connue grâce à ta nièce Myriam et à sa fille Sarah. Là aussi, le hasard, la chance.

Je travaille depuis une vingtaine d'années sur la période de l'Occupation. Je m'y suis intéressé par conviction, par goût personnel, et à partir des souvenirs familiaux de mes parents qui ont vécu l'un et l'autre les moments si pénibles liés à cette sombre époque de notre histoire contemporaine, je le disais en commençant ce récit. La Seconde Guerre mondiale, les derniers témoins qui pouvaient apporter encore leurs témoignages au début des années deux mille. Cela m'a passionné d'enregistrer leurs récits. Trois livres consécutifs sont nés de ce travail de recherche, trois biographies de résistants étrangers venus combattre sur le sol français pour défendre tout simplement la liberté, bien universel.

J'ai beaucoup enquêté dans le nord de la Dordogne que je connais bien par ma mère, qui est originaire d'un petit village de la commune de Sarlande. Au printemps 2021, j'ai revu Jean-Pierre qui est maintenant un ami. Son père était un des chefs de la Résistance chez les FTP. J'ai eu l'idée de lui parler d'un ancien milicien que mon père avait connu dans sa jeunesse. C'était Jean-François Laplaud. Papa le voyait parfois passer à bicyclette pour se rendre au collège... Un autre voisin, qui savait que les maquisards cherchaient à l'arrêter, m'a raconté qu'un jour il revenait à pied de Saint-Yrieix, mais encadré par deux jeunes filles qui habitaient la Cité de Douillac, où leur père travaillait dans les mines d'or. Il était plus prudent pour lui de se déplacer bien escorté... Tout le monde avait lu par la suite les journaux à l'époque du procès. Tous nos voisins connaissaient ainsi plus ou moins son passé encombrant.

Jean-Pierre m'avait révélé depuis un certain temps déjà que ce véritable « loup blanc » connu donc des anciens dans toute la région, surtout vers Saint-Yrieix, avait fini son parcours dans la commune voisine de la sienne (Sarlande) et qui se nomme, je n'invente rien, Angoisse. Car, après avoir vécu avec toi, Laplaud s'est donc mis en couple avec la fille de l'ancien maire de cette commune, qu'il avait connue jeune fille au collège de Saint-Yrieix. Ils ont alors vécu dans un petit hameau très isolé où Laplaud a poursuivi une activité de brocanteur et d'antiquaire.

Et c'est grâce à cette activité que Jean-Pierre a fait la connaissance de ton ancien compagnon au début des années quatre-vingt-dix. Mon ami possédait à l'époque un garage, au bord de la départementale 704. Laplaud s'arrêtait souvent dans son atelier pour l'entretien de sa Mercedes. Il se rendait fréquemment à Paris, transportant des meubles et des tableaux de valeur qu'il revendait à la clientèle locale. Un jour, Jean-François lui avait même demandé d'installer une alarme pour sécuriser le véhicule. Il se rendait dans la galerie de la rue des Rosiers où il rejoignait sa maîtresse Simone.

Jean-Pierre n'avait pas tardé, lui qui possède une extraordinaire mémoire de la Résistance, de l'Occupation, et de nombreux contacts, à savoir qui était Laplaud. Il tenait notamment ses informations d'un assureur de Coussac-Bonneval qui le connaissait depuis l'époque où le jeune milicien placardait les affiches de son organisation dans les rues du village fin 1943-début 1944. Cet assureur savait que Laplaud avait été emprisonné. Les deux hommes s'étaient revus et avaient discuté de cette époque. Ton ancien compagnon n'avait rien abdiqué, selon ce témoin, de ses idées pétainistes et collaborationnistes. Il disait avoir eu très peur d'être liquidé à la prison de Limoges, car il estimait risquer des représailles de la part de certains maquisards condamnés pour des exécutions sommaires pendant la guerre. Laplaud avait révélé que la milice possédait, notamment à Saint-Yrieix, des indicateurs. Il avait même évoqué avec l'assureur qu'il revoyait d'anciens « camarades » avec lesquels il avait constitué de longue date une « caisse d'entraide »! Dans la mémoire locale, c'était devenu le trésor de guerre des miliciens.

Mais un jour, Rosa, le passé de Jean-François lui a un peu explosé au visage. Lors d'un repas familial, dans la maison de sa compagne Yvonne, près d'Angoisse, l'aventurier toujours beau parleur et donneur de leçons, s'est mis à critiquer la Résistance, et surtout l'Armée secrète. Parmi les invités du jour, le sang d'un ancien résistant de l'AS n'a fait qu'un tour et Laplaud s'est retrouvé « dans les cordes », accusé devant toute la famille de n'être qu'« un petit milicien » qui avait fait de la prison…

Au cours de cette même conversation que j'ai eue avec Jean-Pierre, j'ai été très étonné lorsqu'il m'a parlé du précédent travail de Jean-François Laplaud, avant sa venue en Dordogne. J'ai su ainsi qu'il avait été antiquaire au presbytère de Rilhac-Lastours. Et c'est par Jean-Pierre, encore, que j'ai appris qu'une femme d'origine juive, sans autre précision, avait longtemps été sa compagne dans ce village! Je n'en revenais pas. Il ne connaissait ni ton nom ni ton prénom. J'ai donc très facilement retrouvé ta trace à partir de ce moment. Les précisions de Bernard Pommaret, dont j'ai parlé à plusieurs reprises, m'ont définitivement permis de retrouver ta famille. Cela m'a paru inexplicable, incompréhensible, totalement surréaliste qu'un milicien ait pu vivre en toute tranquillité d'esprit avec une personne juive, après toutes les souffrances et les horreurs que les nazis et leurs complices vous ont infligées, vous les victimes de la Shoah. Mais à présent, après toutes ces recherches, je comprends beaucoup mieux. La personnalité à multiples facettes de Jean-François, ce moment de ta vie où tu étais déboussolée, avec un mariage raté et une mère rentrée malade et affaiblie de sa déportation, et le souvenir d'un père incinéré dans les fours crématoires d'Auschwitz. Tout ceci a beaucoup compté dans ton choix de vivre ta vie pleinement, et de vouloir, sciemment ou inconsciemment ignorer le passé de l'homme dont tu étais tombé amoureuse. La résilience, j'y reviens une fois encore, mais c'est je le pense sincèrement la seule, l'unique explication. Et c'est cette idée qui m'a au fond le plus motivé pour écrire ton histoire.

Jean-François Laplaud a fini ses jours sans avoir eu d'ennuis particuliers pour son passé si lourd à porter, en fin de compte. « Il vivait comme un Monsieur », m'a dit un voisin avec rancœur. Il était abonné au journal classé à l'extrême droite *Présent* lorsqu'il était encore au presbytère[1].

Sur la fin de sa vie, Laplaud avait encore, malgré ce passé sulfureux, une haute opinion de lui-même. Jeannot n'était pas avare en provocations, et même le Jugement dernier ne l'effrayait pas. Seule sa fille avait réussi à obtenir de lui un début de contrition. Lorsqu'elle lui avait demandé des explications sur son passé, en estimant qu'il s'était comporté comme un « fou » pendant la guerre, il avait alors reconnu :

> « J'ai été fou dans une période folle. »

Toujours le dernier mot[2].

---

1. Information communiquée à l'auteur par Myriam Coriat et Sarah Attias le 30 mai 2021.
2. Jean-François Laplaud est décédé le 13 novembre 2014 à Lanouaille (Dordogne) à l'âge de quatre-vingt-dix ans.

27

BERLIN

Un jour, concernant Jean-François, tout s'est éclairci, Rosa, enfin presque. J'ai fini par pouvoir retracer son parcours en démêlant le vrai du faux. La vérité, je l'ai découverte tardivement, en allant à la rencontre d'un dernier témoin que j'ai pu identifier grâce à l'une de tes anciennes connaissances. Le récit que j'ai recueilli auprès de ce témoin explique comment et pourquoi Jean-François Laplaud a été décrit au début de l'enquête le concernant, en 1945, comme ayant appartenu aux Waffen-SS. Ceci est rigoureusement exact. Tout s'est joué en réalité dans les omissions, lors de son procès de janvier 1946 devant la Cour de Justice de Limoges où il a pu dissimuler tout ce qui était susceptible de l'accabler. Il a ainsi échappé à une peine beaucoup plus lourde et peut-être même à la peine capitale. Il est parvenu, avec ses avocats, à retourner les juges et les jurés, à faire admettre qu'il était un simple avant-gardiste dans la milice, et que son aventure en Allemagne s'était limitée à une petite balade de santé de « travailleur civil » entre Sigmaringen et Berlin. D'ailleurs *Le Populaire du Centre* et *La Liberté du Centre*, dans leurs comptes rendus d'audience respectifs évoquent simplement « le cas d'un moniteur sportif » qui aura suivi par erreur le peloton milicien…

Mais la vérité parvient tardivement à s'imposer. Alors qu'il participe à une réunion d'anciens miliciens, Laplaud y rencontre au tournant des années deux mille un chercheur, Xavier Laroudie, qui collecte des témoignages pour un livre qui parle de l'épuration et de la chasse aux miliciens à la Libération[1]. Cet érudit très documenté était jadis antiquaire et collectionneur de souvenirs historiques. Xavier Laroudie possède lui-même ses propres informations, et notamment la narration des événements faites par un milicien originaire de Lyon, Joseph Mongour, devenu en Allemagne l'un des chefs militaires de Jean-François[2]. À l'occasion de réunions secrètes dans un restaurant situé près de Limoges, les vétérans de la milice qui ont poursuivi, comme Jean-François, leur route en Allemagne en août 1944, ont fait des confidences à Xavier Laroudie. Pour une fois, ton compagnon va en dire davantage à son tour à cet ancien antiquaire qui devient son ami sur son véritable passé pendant la guerre et sur le parcours qu'il a réellement suivi, sans omettre les détails les plus précieux. Pour Xavier Laroudie, Laplaud n'est pas un monstre calculateur, ni même un « néo-nazi ». Il est seulement le type même d'un jeune milicien pétainiste foncièrement anticommuniste mais aussi « anti-Allemand », et qui n'a pas eu d'attitude antisémite notoirement établie. Les événements, dit-il, l'ont embarqué malgré lui lorsqu'il s'est retrouvé de l'autre côté du Rhin…

* *
*

Le document précieux que m'a fourni ce chercheur très proche de Laplaud vers la fin de sa vie provient, selon lui, d'archives privées. Les Mémoires du milicien Mongour ne manquent

---

1. Xavier Laroudie est l'auteur du livre *Un seul châtiment pour les traîtres* paru chez Geste Éditions en 2016.

2. Mongour, né à Lyon en 1913, devint le chef de la franc-garde de Lyon en 1943. Il était considéré par Paul Touvier comme le véritable chef de la milice avec Cottaz. Il s'engagea dans la répression des maquis du Vercors puis du Limousin. Il rejoignit ensuite la division Charlemagne. Jean-François Laplaud l'a donc suivi depuis Limoges jusqu'à Berlin où il dirigeait le bataillon auquel il appartenait ! Mongour a été condamné à mort le 13 mars 1946 par la Cour de Justice du Rhône et fusillé le 15 mai 1946.

pas d'intérêt. Il reste à savoir si ce récit dactylographié a été ou non recopié à partir de notes manuscrites. C'est la limite d'une documentation dont la source originale reste inconnue. Toutefois, grâce à ce document, il est déjà possible d'affirmer que Jean-François Laplaud a bien été volontaire dans la division Charlemagne sous l'uniforme des Waffen-SS en 1944-1945.

Avant de révéler le contenu du document fourni par Laroudie, je rappelle que Jean-François Laplaud était parti en août 1944 de Limoges, peu avant la libération de la ville, avec le peloton milicien, pour finir par être envoyé en Allemagne, à Sigmaringen, après un passage par le camp de concentration Struthof en Alsace où étaient réunis la plupart des miliciens sous l'autorité de Darnand. Jean-François avait dit au juge avoir « échoué », on s'en souvient, à Sigmaringen avec ses camarades. Il prétendait devant le juge d'instruction avoir été envoyé des mois plus tard à Berlin par un « sous-préfet » pour travailler en usine, après son refus d'adhérer aux Waffen-SS. Ceci est une contrevérité que la justice de l'époque a purement et simplement validée. Mais la réalité est tout autre.

Voici ce que dit Monjour dans ses « carnets » récupérés, donc, par Laroudie qui en détient une copie dactylographiée que j'ai eue en main. Compte tenu de son âge – il n'a que vingt ans en 1944 – Laplaud se retrouve expédié fin 1944 en République tchèque actuelle, à une trentaine de kilomètres de Prague, dans une petite ville du nom de Votice. Il intègre une Sturmgeschütze, un centre de formation où l'on apprend à détruire des chars ! Cette école relève de la fameuse division Charlemagne[1]. Autrement dit, elle est placée sous l'autorité des SS Panzerjäger, c'est-à-dire des « chasseurs de chars » du IIIe Reich formés pour pourfendre les blindés de l'Armée rouge.

---

1. La division Charlemagne était une division de soldats SS regroupant des volontaires français combattant pour le Troisième Reich allemand à la fin de la Seconde Guerre mondiale. Nommée en allemand « 33. Waffen-Grenadier-Division der SS Charlemagne (französische Nr. 1) », elle a été utilisée – peu de temps – pour défendre l'Allemagne nazie, jusqu'à la bataille de Berlin. Ses volontaires, sous l'uniforme allemand, ont été considérés comme des traîtres à la France, jugés et condamnés.

Au début de l'année 1945, l'avancée des Soviétiques s'accélère. Le commandement allemand décide d'envoyer la section dont fait partie Jean-François à Neustrelitz, en Poméranie orientale, où elle ne trouve que des « débris » de la division blindée censée combattre contre l'armée russe. Les jeunes « SS français » deviennent alors des soldats de terrain armés de Panzerfausts[1] et ils n'ont d'autre choix que de combattre comme des fantassins. Ils sont alors dirigés vers Carpin, ville de Poméranie occidentale. C'est le repli. Le moral commence à peine à flancher, selon le chef de section qui commande le groupe de Jean-François Laplaud, soit une douzaine de jeunes recrues portant l'habit des Waffen-SS :

> « On nous demande qui veut continuer. Comme nous ne nous étions pas encore battus, on en voulait ! On ne s'est même pas posé la question. Pas de cas de conscience. On continuait. Mais on n'était quand même pas fous au point de penser que nous allions gagner la guerre », raconte Joseph Mongour, le chef de section.

Et lorsqu'on demande des volontaires pour aller participer à l'ultime bataille, la bataille de Berlin, Jean-François et ses camarades lèvent le doigt. On les équipe d'un fusil d'assaut, un Sturmgewehr, selon Xavier Laroudie, qui a étudié spécifiquement l'armement utilisé par l'armée allemande. Mais déjà aucun doute sur l'issue de la bataille. Lancée le 16 avril 1945 par les Soviétiques, elle s'achèvera le 2 mai 1945 par la reddition des derniers soldats allemands de la garnison de Berlin quelques jours après le suicide de Hitler qui intervient le 30 avril 1945 :

> « On est arrivés la nuit dans Berlin, poursuit Mongour dans ses carnets, on crevait d'envie d'avoir des cigarettes. On nous en a fait une distribution. Des cigarettes blondes dégueulasses. En Tchéco, on avait fumé du tabac plus noir, on le regrettait. »

1. Le Panzerfaust est le nom d'une famille de lance-grenades antichars sans recul à un coup produits en Allemagne à partir de 1942 afin de doter les soldats d'une arme antichar individuelle à coût réduit.

La suite montre l'inéluctable dénouement auquel Laplaud a bien fait allusion en racontant la fin de sa cavale au juge Désautard. On voit bien également comment tout a basculé en quelques jours en suivant le récit de Mongour :

> « On a passé deux nuits… Il y avait 500 mètres entre le hangar où nous étions et les chars russes… On était une douzaine de Français dans une grande fabrique de bouteilles. Les civils allemands nous donnaient à manger et à boire. Une grande fabrique avec un petit enclos. Les Russes passaient derrière nous. On entendait plus loin le bruit de MG[1]. Les Français ou les Allemands avaient pris du recul. Nous étions encerclés à Neukölln[2]. Ce n'était plus possible de tenir. Il y avait beaucoup de tireurs en haut des maisons. On n'était pas vraiment repérés car les Russes s'occupaient plus de ce qui était devant eux que de ce qui était derrière. Dans la cave où nous étions se trouvait un vieux KG[3] français. On a passé encore deux nuits. Nous n'avions presque plus de munitions, pas du tout de ravitaillement, même pas un plan de Berlin, des fusils et quelques Panzerfaust. Le vieux KG nous a guidés. Les Allemands vivaient dans les caves. Des ouvertures permettaient de passer de cave en cave… J'avais mon pantalon, ma chemise et un revolver dans la poche… Le vieux KG me dit de le poser. Je sors… quelques chars russes à 15 ou 20 mètres. Les Russes passent derrière moi. Mes copains sont faits prisonniers dans l'entrepôt. J'avais croisé les Russes dans le couloir. Ils ne m'avaient rien demandé. Je n'ai revu aucun de mes camarades. Sur le moment, ils n'ont pas été maltraités. Les civils m'ont dit : la guerre est maintenant finie. Les soldats russes sont venus piquer des filles… Je suis sorti avec eux et les nanas. Ils m'ont aussitôt renvoyé. Je me suis joint au flot. Je suis revenu au plus vite en France avec le KG »

Cette narration, Xavier Laroudie a pu la vérifier et même la compléter au début des années 2000 en organisant un voyage sur place à Berlin, en compagnie de Jean-François Laplaud très

1. La Maschinengewehr 42 allemande, plus connue sous son code de nomenclature « MG42 » (« MG » pour « Maschinengewehr », soit « mitrailleuse » en français, littéralement « fusil machine »), est considérée comme l'une des meilleures mitrailleuses de la Seconde Guerre mondiale
2. Neukölln est un quartier de Berlin, devenu aujourd'hui l'un des plus internationaux de la capitale allemande.
3. K.G. ou Kriegsgefangener, prisonnier de guerre en allemand.

prolixe visiblement avec son ami historien. Rosa, tu découvres tout ceci et tu vas être encore plus étonnée par l'anecdote que le chercheur a recueillie auprès de son compagnon de voyage revenu en pèlerin sur les lieux de son « épopée ». Voici la transcription exacte de l'enregistrement des propos de Xavier Laroudie que j'ai réalisé le jour où nous nous sommes rencontrés[1] :

> « Jean-François se trouve donc (comme l'indique le récit de son chef de section Mongour), à la fin des combats de Berlin, dans une cave avec un groupe de prisonniers de guerre français. Pour eux, c'est la liberté. Ils cherchent à rentrer en France. La guerre est finie. Les prisonniers sont un peu étonnés de voir Jean-François avec une arme et tout ça… Il leur dit, voilà, je suis volontaire dans les SS français, les autres disent : "on ne savait pas du tout que ça pouvait exister ça…" Un prisonnier de guerre lui dit : "tu ne peux pas rester comme ça. D'abord tu vas enlever tes vêtements militaires, laisser ton arme, on va te donner des fringues". Chacun a donné un élément vestimentaire civil, pour que Jean-François puisse revêtir une tenue civile. Et l'un d'eux donne un pull-over à Jean-François. Et Jean-François rejoint la France grâce à cette supercherie. Longtemps après la guerre, il est chez lui et dans sa boîte aux lettres il trouve un mot du facteur qui lui dit : "Voilà, je suis ton facteur, si tu peux penser à me rendre mon pull, ça sera avec plaisir". Jean-François a constaté que ce gars-là était devenu le postier de son village, l'avait reconnu, mais n'avait rien dit. Ça n'a jamais été plus loin que cette histoire de pull ! »

J'ai découvert, après ma rencontre avec Xavier Laroudie, que les révélations faites par Laplaud à l'ancien antiquaire étaient loin d'être un scoop. En effet, j'ai retrouvé dans le dernier des trois volumes de l'histoire des SS français publié par Jean Mabire aux éditions Fayard en 1975, intitulé *Mourir à Berlin*, sensiblement les mêmes informations que celles que Laroudie m'a rapportées, selon lui, à partir des « carnets » de Mongour. Soit trente ans plus tôt ! Mabire indique à la fin de son ouvrage qu'il a puisé directement ses informations « auprès de ceux qui ont participé à la bataille de Berlin et il cite nommément

1. Enregistrement audio réalisé par l'auteur à Saint-Priest-Ligoure le 13 septembre 2021.

les noms orthographiés en lettres capitales des « brigadiers LAPLAND, DITSCH et DASPINS (compagnie Michel) » parmi ses informateurs privilégiés[1] ! La boucle est donc bouclée. Le Lapland dont parle Mabire est bien ton compagnon, Rosa : Jean-François est cité par cet auteur avec son véritable prénom, et qui plus est, Mabire précise que Lapland est originaire du Limousin. Il n'y a absolument aucun doute à avoir. C'est donc la preuve que dans les années soixante-dix, alors que vous viviez ensemble à Rilhac, Jean-François était bien resté en contact avec ses anciens camarades de la milice, et qu'il était même, avec d'autres, à la source d'un livre publié par un grand éditeur français, en l'occurrence la maison Fayard ! Tout le monde aurait donc pu savoir ce qu'avait fait exactement Jean-François pendant la guerre, à condition que son pseudonyme de Lapland, certes très transparent, ait pu être décrypté. Ce qui est une autre affaire[2] !

En tous cas, Mabire comme Laroudie sont formels sur un point précis. C'est dans le quartier berlinois de Neukölln, que Jean-François s'est illustré par une prouesse militaire particulièrement remarquée par son chef de section :

> « Vers trois ou quatre heures du matin, alors que tout le quartier où ils patrouillaient est silencieux, Lapland et Fodot sortent de leur cachette et se coulent le long des maisons. Les deux grenadiers de la compagnie Michel découvrent très vite les silhouettes immobiles des deux chars russes. Ils distinguent même les points rouges des cigarettes des tankistes. On entend un poste radio qui grésille dans une des tourelles. Un ronflement semble la seule réponse du chef de bord.
>
> — Ils dorment, souffle Lapland.
>
> — Ils sont ivres morts, précise Fodot.

1. Jean Mabire, *Mourir à Berlin, les SS français derniers défenseurs du Bunker d'Adolf Hitler*, Fayard, 1975 (avertissement au lecteur intitulé « des témoins » en fin d'ouvrage). Les ouvrages de cet auteur ont été retirés du catalogue de la librairie du Mémorial de Caen. Par ailleurs des critiques ont été émises sur le caractère romancé des ouvrages de Mabire consacrés à la Waffen-SS et sur la complaisance dont il aurait fait preuve envers l'objet de son étude.
2. En 2011, Grégory Bouysse cite le véritable nom de Laplaud dans son ouvrage *Waffen SS français* vol. 2.

— On y va ?

— On y va !

Les deux éclairs rouges des Panzerfaust[1] jaillissent à la même seconde. Les deux SS français jettent leurs tubes inutiles et détalent. Les chars explosent et commencent à brûler. Les hommes d'équipage hurlent. Une sentinelle se met à tirer au hasard.

Quelques minutes plus tard, les deux vainqueurs sont récupérés par une patrouille de leur section. L'Oscha Mongourd ne perd guère de temps à les féliciter et leur annonce :

— Nous contre-attaquons à l'aube !

Il est 4 heures du matin. Il ne reste plus longtemps à attendre avant d'engager la bataille. Lapland et Fodot s'endorment quelques minutes sur un trottoir. »

Le récit de Mabire est celui d'un romancier qui invente ou reconstitue des dialogues mais qui semble s'appuyer cependant sur les témoignages qu'il cite dans son livre dont celui de Jean-François Laplaud qu'il appelle Lapland. Quelle est leur valeur ? On pourrait voir la séquence dans un film de Tarentino qu'on n'en serait pas davantage étonné. Xavier Laroudie m'a quand même précisé que Laplaud avait relativisé cette action d'éclat, lors de son « pèlerinage » à Berlin au début des années 2000, en expliquant avoir tiré du haut d'une fenêtre, c'est-à-dire d'un endroit où il était relativement protégé. Il faut rappeler que ces faits se sont passés dans la nuit du 25 au 26 avril 1945 dans un quartier de Berlin nommé Neukölln. Les avions russes viennent de survoler la capitale du Reich qu'ils ont totalement encerclée et ont lâché des bombes. Mais les tanks avancent avec prudence. Entre ces deux versions du séjour à Berlin de Jean-François et celle que l'intéressé a livrée au juge, il y a en tout cas un sacré écart !

L'épisode du pull-over, avec le prisonnier de guerre, se situerait bien sûr postérieurement à la destruction présumée du tank dans la chronologie des faits tels qu'ils sont rapportés par

1. Selon Xavier Laroudie, les armes dont disposent alors les Waffen-SS pendant la bataille de Berlin sont des Sturmgewehr, en français des fusils d'assaut. Laplaud semble donc avoir corrigé la version qu'il avait donnée à Mabire trente ans plus tôt.

Mabire. Ainsi, les rescapés français de la division Charlemagne, dont Jean-François Laplaud, se sont réfugiés finalement dans une cave du quartier de Neukölln. Ils ont pris soin de placer l'un des leurs au rez-de-chaussée pour faire le guet. Et le romancier ajoute :

> « Ils ont découvert un prisonnier de guerre, rescapé de la "Drôle de guerre", dans les sous-sols de la fabrique. Ils l'ont aussitôt adopté et ils l'appellent "le vieux" parce qu'il doit au moins avoir trente ans. L'homme connaît assez bien Berlin où il se trouvait comme prisonnier transformé en travailleur libre... Les camarades du petit Lapland semblent trop fatigués pour tenter une évasion. Ils entourent le Rottenführer et attendent les événements, abrutis de fatigue et d'angoisse. »

Laplaud décide alors de suivre le prisonnier :

> « Il a gardé, à tout hasard, un pistolet dans sa poche. Les deux hommes se glissent de cave en cave. Ils sont couverts de charbon et de plâtre. Leurs défroques en loques n'ont plus grand-chose de militaire. Le kaki comme le feldgrau ont pris un uniforme à la teinte grisâtre.
>
> — On va sortir ici, dit l'ancien prisonnier.
>
> Lapland le suit. Ils grimpent un escalier, émergent de la cave, débouchent dans la rue. Quelques chars russes se trouvent à quinze ou vingt mètres d'eux. Les hommes d'équipage vérifient d'un coup d'œil que les deux nouveaux venus n'ont pas d'armes et cessent aussitôt de se soucier d'eux. Une patrouille se dirige vers les arrières des lignes russes. Au milieu des soldats soviétiques en armes, Lapland reconnaît quelques-uns de ses camarades qui se trouvaient peu auparavant avec lui dans l'entrepôt. Les SS français semblent ne pas avoir été maltraités. Ils aperçoivent Lapland et le prisonnier, mais ne manifestent aucune émotion. La tête basse, sans ceinturon, le pas traînant, ils vont rejoindre un groupe de prisonniers allemands parqués à un carrefour. Lapland ne reverra jamais aucun d'entre eux.
>
> Le prisonnier a décidé de ne pas quitter le jeune SS. Cet adolescent, perdu dans l'écroulement de son rêve, lui paraît somme toute sympathique. »

Les combats ont cessé dans le secteur de la Hasenheide et de Neukölln. Mabire raconte à sa manière la suite et la fin de l'histoire :

> « Le seul souci des soldats russes semble désormais de trouver des filles à violer. Ils ne font pas attention aux hommes, surtout quand ils ressemblent à des civils. L'un d'eux pourtant remarque le pantalon d'uniforme feldgrau de Lapland et s'approche de lui :
> — Niemski (Allemand) ? demande-t-il.
> — Niet. Franzouski.
> — Karacho.
> L'ancien prisonnier entraîne le jeune SS. Les deux hommes vont se perdre dans la foule grise qui commence à sortir des caves de Neukölln[1]. »

Lapland, c'est-à-dire Laplaud, est ici campé comme un véritable héros. Mais au retour, c'est une autre histoire ! Là encore, le récit de Mabire est imagé, pittoresque à souhait, mais à aucun moment l'auteur ne mentionne le nom du prisonnier de guerre. Et Jean-François Laplaud ne paraît pas l'avoir nommé davantage quand il s'est confié dans les années 2000 à Xavier Laroudie (voir au début de ce chapitre). Toutefois Laplaud a tout de même raconté à Laroudie l'histoire du petit mot laissé par « un facteur de Nexon » dans SA boîte aux lettres[2]... Alors, est-ce là aussi un « fake », comme on dit de nos jours ? Une de tes connaissances, Rosa, celui que tu nommais ton « fils professionnel » est persuadé que non. Il est intimement convaincu qu'il s'agissait de Camille Garaud, un ancien prisonnier de guerre bien connu à Nexon. Sa fille, Lucette, m'a remis de nombreux documents sur son parcours. Camille Garaud a effectivement été facteur remplaçant pendant un certain temps sur la commune de Rilhac-Lastours où vous étiez domiciliés avec Jean-François, je l'ai personnellement vérifié et c'est exact.

1. Jean Mabire, *Mourir à Berlin*, Fayard, 1975.
2. Myriam Coriat confirme qu'il existait bien une boîte aux lettres dès les années soixante-dix au presbytère de Rilhac-Lastours (celle-ci était encastrée dans le portail en bois face à l'église, selon le témoin). À l'époque, le facteur entrait souvent dans les familles car les boîtes aux lettres étaient peu courantes.

Pourtant, son parcours final, en avril 1945, est parfaitement attesté dans divers documents officiels et l'autobiographie qu'il a laissée est conforme aux documents enregistrés dans les archives. Or, il n'est jamais question de Berlin. Dans le Mémoire qui a été dactylographié en 2011, l'ancien facteur de Nexon explique avoir été libéré par les Américains à Munich. Cette présence de Camille à Munich est d'ailleurs attestée par plusieurs cartes postales qu'il a rapportées de cette ville :

> « On a été libérés à Munich… Nous avons été libérés par les Américains. Ils ont refusé de nous rapatrier, je suis donc resté chez mon patron. Puis j'ai été transporté de Munich à Dachau, lieu de rassemblement. Dans des camions. La nourriture : pain blanc dans la gamelle. On était obligés de faire attention, parce que si on mangeait un peu trop, on avait la dysenterie. À Dachau, il n'y avait plus rien, tout était évacué. Il y avait une prison où étaient enfermés les collaborateurs. Les baraquements étaient vides. Je suis rentré chez moi le 26 mai 1945[1]. »

Aucun des documents que j'ai retrouvés au terme de mon enquête ne mentionne une présence de l'intéressé à Berlin. Sa fille, Lucette, est tombée des nues quand je lui ai parlé de cette histoire de pull-over et de la présence supposée de son père au cœur de la bataille berlinoise au moment où les Russes viennent encercler la capitale allemande. Elle ne connaissait pas Laplaud. Même à la fin de sa vie, dans l'EHPAD où il a fini ses jours, l'ancien facteur de Nexon n'a pas glissé un seul mot sur cette anecdote surréaliste, il faut bien l'avouer. Je me suis procuré son dossier de prisonnier de guerre conservé par l'ONAC de la Haute-Vienne[2]. Il apparaît qu'après avoir séjourné successivement dans plusieurs Stalags en Allemagne mais aussi en Ukraine (notamment aux camps disciplinaires de Lemberg et de Stryj), Camille Garaud avait été affecté au

1. Souvenirs de guerre de Camille Garaud, collectés à l'EHPAD de Nexon dans le cadre d'un atelier de la mémoire. M. Garaud est décédé dans l'établissement le 15 novembre 2016 à l'âge de quatre-vingt-dix-sept ans.

2. Je veux remercier tout particulièrement Sylvie Codecco, adjointe au directeur départemental de l'Office national des anciens combattants et victimes de guerre (ONAC) pour la Haute-Vienne qui m'a fourni le dossier de Camille Garaud.

bataillon VI[1] du 13 mars 1944 au 29 avril 1945 selon son dossier ONAC. Ses papiers personnels portent différents cachets apposés au verso de plusieurs photos du prisonnier désormais travailleur civil : Munich, Duisburg, et Brunswick en particulier. Camille Garaud est parti de Brunswick pour Munich, selon son autobiographie, en 1944, et il est resté dans la cité bavaroise « jusqu'au bout… environ un an[2] ». Dans les archives du Comité international de la Croix-Rouge à Genève, il apparaît que Camille Garaud a été « évacué du Glaser-Bataillon VI, 4e compagnie, Kistlerhofstrasse Baraken Lager, Munich, et recueilli au Stalag VII A, Bataillon de couvreurs n° 10, Munich-Lain, 21 Willibaldstrasse, le 05-05-1945 (selon une liste non datée), informations provenant d'une liste établie par les autorités françaises, de six listes établies par les autorités allemandes, et d'une liste établie par le Supreme Headquarters Allied Expeditionary Force (SHAEF)[3].

Jean-François Laplaud aurait-il inventé cette histoire de pull-over et le message glissé dans la boîte aux lettres ? Cela ne serait pas surprenant, quand on connaît ses talents de conteur mythomane reconnus par beaucoup de ceux qui l'ont côtoyé…

---

1. Selon les recherches de l'auteur le bataillon VI était dans la terminologie du IIIe Reich un « Bau und Arbeiter Bataillon » (en français « bataillon de construction et de travailleurs »), c'est-à-dire une unité formée selon un schéma militaire avec un état-major et trois à quatre compagnies. Il y en eut jusqu'à quarante-cinq de constitués pour un nombre d'hommes total d'environ 27 500 soit une moyenne d'environ 600 hommes par bataillon. La différence avec l'organisation des stalags résidait principalement dans le fait que ces unités étaient itinérantes et n'étaient pas attachées à un territoire (Wehrkreis).
2. Autobiographie de Camille Garaud, atelier mémoire de l'EHPAD de Nexon, 2011 (page 8).
3. Informations communiquées à l'auteur le 21 octobre 2021 par le CIRC Genève.

28

MADAME ROSA

L'ancien maire de Rilhac-Lastours, René Barry, a marqué, lorsque je l'ai rencontré, un vrai respect, je dirais même de l'admiration pour ta ténacité, ton courage à continuer seule à faire vivre ton magasin d'antiquités après le départ de Jean-François en 1989. Parlant de toi, il disait toujours « Madame Rosa ». J'ai trouvé son attitude à ton endroit très élégante. Il était convaincu au fond de lui-même que tu avais su très tôt quel avait été le passé pendant la guerre de ton compagnon Jean-François Laplaud et que tu avais décidé de l'accepter. Il ne t'en tenait pas rigueur, comme il considérait aussi que ton compagnon avait payé pour ses fautes et que son retour à une vie beaucoup plus exemplaire devait lui être autorisé.

Je n'éluderai pas la question, Rosa. Tu savais. Je suis certain que tu savais. Je ne sais pas quand exactement tu as appris que Jean-François avait adhéré à la milice et porté l'uniforme des Waffen-SS, avant de se faire rattraper par la justice, comme je l'ai expliqué. Tu l'as sûrement appris très tôt, au plus tard quand vous êtes arrivés à Champsiaux. Il serait surprenant que dans un village aussi peu peuplé, où tout le monde se connaît et où les langues se délient pour beaucoup moins que ça, que le retour de Laplaud n'ait pas été commenté, que tu n'aies jamais eu d'allusions... Je pense qu'il t'en a parlé très tôt, sans entrer probablement dans les détails, et en te montrant peut-être le jugement d'amnistie prononcé en 1951 qui effaçait en quelque sorte la faute commise durant sa jeunesse. Je lis le texte du procureur général de Limoges, en date du 11 octobre 1951, qui confirme cette amnistie :

> « Comme suite à la demande que m'a adressée M. le greffier en chef du tribunal de Saint-Yrieix, je vous informe que la condamnation prononcée par la Cour de Justice de Limoges pour atteinte à la sûreté de l'État contre le dénommé Laplaud, François, Jean, Gilbert, né à La Meyze le 21 juin 1924, est amnistié de plein droit en vertu des dispositions de l'article 3 de la loi du 5 janvier 1951 (amnistie en faveur des mineurs de 21 ans). »

C'est donc, en raison de son « jeune âge » à l'époque des faits incriminés que la justice avait passé l'éponge sur la condamnation à dix ans d'indignité nationale.

Dans ta famille, le secret si pesant avait été percé par ta sœur Fanny et par son mari Jean-Claude Coriat. Je ne sais pas comment ils ont fait pour accéder aux sources, aux archives à une époque où la période de consultation n'était pas encore ouverte. Myriam s'est souvenue :

> « Au départ, c'était flou, on n'en parlait pas. Pour moi, il avait collaboré. Ce sont mes parents qui m'ont dit qu'il avait été dans la division Charlemagne. Après, je me suis renseignée pour savoir. La parole était difficile. J'ai cherché ce qu'était la division Charlemagne, ce qu'il avait pu faire. C'était terrible. C'était compliqué. Parce que mon oncle (je le considérais comme mon oncle), il m'avait élevée. Je l'aimais… Il me considérait comme sa fille. Ce qui est curieux, c'est qu'il nous adorait. Moi, je me suis mariée à la synagogue, et il est venu à mon mariage, il a mis la kippa, ça ne l'a pas du tout dérangé… Pour moi, c'était comme une schizophrénie. J'ai connu mon oncle aimant. Mon oncle, il nous aimait vraiment. Il m'a appris plein de choses. C'était quelqu'un de cultivé, d'intelligent… Je ne l'ai pas su tout de suite. Quand j'étais petite, je ne savais pas tout ça. Après quand je l'ai appris, je crois que j'ai même essayé de me voiler la face[1]… »

1. Conversation enregistrée par l'auteur le 30 mai 2021 au domicile de Myriam Coriat et par téléphone le 16 août 2021.

* *
*

Comment pourrais-je écrire les dernières pages de ce livre sans conclure sur le presbytère ? Un lieu magique de la campagne limousine, ton havre de paix, ton dernier domicile que tu n'as pas voulu quitter jusqu'à tes derniers jours. Tu as fait jurer à ta nièce de ne pas t'envoyer en maison de retraite. C'est là que tu voulais finir ta vie, et ta volonté a été respectée par tout le monde, à commencer par le maire de la commune, Monsieur Jacques Barry qui a succédé à son père à la tête de la municipalité de Rilhac-Lastours. Cette majestueuse demeure, c'est l'endroit où tu as passé sans doute les moments les plus heureux de ton existence, malgré tout… J'ai voulu aller voir sur place, curieux et impatient de respirer le même air que toi, de voir le même paysage… La vieille bâtisse de caractère, tout en pierres, avec une toiture en tuiles plates, a toujours une sacrée allure, un cachet incontestable. Tu y as passé plus de quarante ans, quand on y songe…

Myriam était assise près de toi, lorsque tu parlais le jour où elles ont enregistré ton autobiographie avec Élodie, dans ta salle à manger somptueusement meublée. Tu avais pris place dans un beau fauteuil Louis XV. En face de toi, Élodie avait posé son ordinateur portable sur la table monastère, je crois, et assise sur une chaise, notait, en utilisant son clavier, l'essentiel de ce que tu disais. Comme on prend une déposition, elle était commissaire de police, Élodie, et tu étais si fière d'elle…

Myriam qui t'aimait tant, qui se sentait si proche de toi, m'a dit combien elle aimait venir, pendant la période des vacances, dans ta belle et confortable maison, au milieu des bois et des prés. Ta nièce s'est souvenue en particulier de ses sorties buissonnières pour aller taquiner et capturer des *gardèches*[1] dans les ruisseaux des environs avec des bouteilles où elle introduisait de la mie de pain. Elle était accompagnée de sa sœur, de ses cousines, elle a nommé Françoise et peut-être aussi Lydie,

1. Petits poissons qu'on trouvait jadis dans les ruisseaux (appellation tirée de l'occitan).

deux filles de Jean-François qui étaient demi-sœurs, si j'ai bien compris.

Ta nièce m'a parfaitement décrit le presbytère d'autrefois, « ton » presbytère », une grande maison haute, entourée par des murs en pierres de taille. Un jardinier s'occupait de la pelouse et des massifs de fleurs. Il y avait des arbres fruitiers, notamment des pruniers aux blanches et hâtives floraisons printanières. Une allée gravillonnée conduisait jusqu'à l'atelier. De grands arbres, sous lesquels on installait une table de jardin en été, offraient une ombre délicieuse.

L'entrée était somptueuse. Il y avait à droite un grand bénitier en granit. Une porte s'ouvrait sur une vaste salle à manger avec des tableaux et des sculptures. La cuisine était attenante. À l'étage se trouvaient les chambres, on y accédait par un grand escalier en bois, majestueux, très ouvragé, mais qui faisait un bruit incroyable quand vous montiez les marches. Dans la chambre où tu couchais, était accrochée une grande tapisserie d'Aubusson. La cuisine était en bas, ainsi que les toilettes.

Rosa, tu étais à la fois intelligente, fine et cultivée. Tu t'intéressais à la peinture, à la musique, aux livres. Et puis tu aimais aussi la bonne compagnie, les parcours de golf avec tes amis à Limoges et les parties de bridge qui vous réunissaient parfois au presbytère. On me dit que tu avais un côté un peu « Bling-Bling » au volant de ton magnifique cabriolet Frazer-Nash dans les rues de Limoges ! Certains te décrivaient comme une femme « à la jambe légère », mais tu entretenais toi-même ce mythe. Un jour, dans un restaurant de Limoges, avec un de tes jeunes employés, tu as présenté celui-ci comme « ton nouvel amant », ce qui était parfaitement faux ! Tu aimais rire, Rosa, et tu ne ratais pas une occasion. On ne te connaît pas de nouvelle liaison, en tout cas, après le départ de Jean-François.

Selon Myriam, tu étais une bonne cuisinière. Tu emmenais toujours ta nièce avec toi en voiture pour aller acheter des foies gras sur le marché de Sarlat, dans le sud du Périgord. Tu faisais aussi tes propres conserves de haricots blancs et d'autres légumes. C'était l'un de tes loisirs préférés.

Il y avait chez toi de la très belle vaisselle. Lorsque tu prenais le thé avec Myriam, tu tenais à l'offrir tout de même dans de la très belle porcelaine avec de l'argenterie de luxe. Jean-François poussait son narcissisme jusqu'à faire imprimer ses initiales sur les bonnes bouteilles qu'il servait lors des repas les plus mondains. Il aimait souvent exhiber son argent, tel un parvenu, qu'il était au fond. Il dénigrait avec un dédain ostensible tous les « traîne-savates », c'est-à-dire le petit peuple, les gens de basse condition qui gagnaient à ses yeux misérablement leur vie, comme s'ils en étaient forcément responsables.

Tu avais un caractère très affirmé, que tu tenais visiblement de ta mère Elta, très différent de celui de ton père, Ignace, qui avait un côté plus conciliant, plus insouciant aussi. Le pauvre homme. Tu as raconté à son sujet une anecdote amusante rapportée par ta mère :

> « Mon père s'est retourné avec la voiture, et au lieu d'aller chercher le garagiste, il est allé chercher le photographe ! »

Quand je m'attarde devant le presbytère, aujourd'hui, je repense à ces moments tellement mérités de quiétude et de douceur de vivre auxquels tu avais bien droit, au soir de ta vie, après avoir surmonté tant d'horreurs. Tu as raconté souvent à ton « fils professionnel » l'époque noire de la rue Monte-à-Regret, où la maison était infestée de poux, et vous étiez dans la misère. Quelle revanche !

J'aurais aimé faire témoigner Madeleine, une première femme de ménage qui t'a longtemps accompagnée jadis mais elle n'est plus de ce monde, je crois. J'ai voulu entrer en contact ensuite avec Virginie, ta dernière confidente, ta dernière employée de maison que tu retenais parfois après son service pour lui raconter ta vie. Par souci de déontologie, je pense, elle a refusé, même si elle m'a écrit une lettre très brève mais qui m'a touché :

> « Monsieur, j'ai travaillé et accompagné Madame Szlejen pendant quinze ans… je lui faisais son ménage, ne m'occupais pas de ses affaires privées, et je sais qu'elle me faisait confiance », m'a-t-elle écrit.

Virginie ne m'a donc rien confié sur toi, observant ainsi un devoir de réserve tout à fait légitime. Mais je sais que tu l'aimais bien et qu'elle te portait de l'estime. Elle s'est rendue à tes obsèques au cimetière de Louyat, à Limoges, après ton décès le 5 mai 2016 (tu avais fini tes jours à l'hôpital de Saint-Yrieix-la-Perche où tu avais été admise pour soulager tes derniers instants. Tu avais donc quatre-vingt-huit ans).

Une dernière image de toi, Rosa, sur laquelle je veux terminer cette longue lettre que je t'adresse avec tendresse et un infini respect. J'avais tant à dire sur toi, sur ton exemplaire courage, sur ta force de vivre, sur ta persévérance. Je t'imagine au soir de ta vie, toute seule dans ta chambre, observant au moment de fermer tes volets ce paysage du Limousin, où tu es née par le plus grand des hasards. Peut-être que ton tourne-disque faisait jouer alors un chant hébreu qui te ramenait loin là-bas du côté du ghetto que les nazis ont anéanti comme ils ont détruit Guernica, Oradour et tant d'autres lieux dont on ne parle jamais. Tu repensais forcément, de temps à autre, à ta visite d'avant-guerre dans cette capitale où une partie des ancêtres ont été massacrés ou déportés. Et tu redevenais alors, pour quelques instants, la comtesse imaginaire issue de la haute aristocratie du ghetto de Varsovie. La mémoire ne doit pas être effacée, elle peut toujours se transmettre. Tu en es la preuve parfaite et c'est cela que je voulais te dire en terminant ma lettre. En confiant ton passé si riche et si palpitant à Myriam, à Élodie et à Sarah, avec une sincérité et une précision remarquables, tu as remporté à mes yeux ta plus grande victoire.

Saint-Yrieix-la-Perche,
22 septembre 2021

REMERCIEMENTS

Je souhaite remercier tout d'abord Myriam Coriat, nièce de Rosa Szlejen, et sa fille Sarah Attias qui m'ont accordé leur confiance et fourni une aide constante pour mener à bien ce projet. La mémoire si douloureuse et si belle aussi de leur tante leur appartient évidemment et elles ont tenu à la transmettre en me facilitant la tâche autant qu'elles le pouvaient. Sans elles, et sans Élodie (sœur de Sarah hélas disparue), il n'y aurait pas eu ce livre. Les personnes suivantes m'ont grandement aidé par ailleurs durant l'enquête que j'ai menée pour tenter de renouer les fils du passé : Anne Wittebroot, Bernard Pommaret, Ruth Fivaz, René et Jacques Barry, Jean-Pierre Meyze m'ont apporté des renseignements précieux. J'exprime également mes remerciements à des personnes proches de Rosa Szlejen qui n'ont pas souhaité être citées mais qui ont aussi accepté de me donner certaines informations sur sa vie et ses relations. Le concours des archives départementales de la Haute-Vienne, des Archives fédérales suisses, des archives de l'État de Genève, de Dominique Rotermund (OSE, Paris) et des services de documentation du Mémorial de la Shoah (Paris) doit être mentionné. Je veux aussi citer Solange Lassalle ainsi qu'Odette et Marie-Christiane Granet pour les renseignements sur l'école Sainte-Marguerite de Cieux fréquentée par Rosa pendant la guerre. Je veux remercier aussi mon épouse, Christine, pour sa patience et ses conseils, sachant combien il est important d'avoir une écoute et un avis avant de soumettre son texte pour publication.

Je veux dire, pour conclure, combien je suis fier de la préface si juste de l'immense écrivain qu'est Véronique Bergen, préface empreinte d'une très grande sensibilité et qui m'est allée droit au cœur. Et le mot final, sur cette page, sera pour mon éditrice Marie Cardinaud, dont le professionnalisme et la fidélité à mes travaux méritent vraiment toute ma reconnaissance.

TABLE DES MATIÈRES